责任下的

法律运行机制的构建

ZEREN XIA DE
FALÜ YUNXING JIZHI DE GOUJIAN

杜国胜 著

中山大学出版社
·广州·
SUN YAT-SEN UNIVERSITY PRESS
出版社

图书在版编目（CIP）数据

责任下的法律运行机制的构建/杜国胜著 . —广州：中山大学出版社，2023.5

ISBN 978 - 7 - 306 - 07745 - 5

Ⅰ.①责…　Ⅱ.①杜…　Ⅲ.①法律—研究　Ⅳ.①D90

中国国家版本馆 CIP 数据核字（2023）第 037320 号

出 版 人：王天琪

策划编辑：曾育林

责任编辑：周　玢

封面设计：曾　斌

责任校对：王　璞

责任技编：靳晓虹

出版发行：中山大学出版社

电　　话：编辑部 020 - 84111946，84113349，84111997，84110779，84110776
　　　　　发行部 020 - 84111998，84111981，84111160

地　　址：广州市新港西路 135 号

邮　　编：510275　　传　　真：020 - 84036565

网　　址：http：//www.zsup.com.cn　E-mail：zdcbs@ mail.sysu.edu.cn

印 刷 者：广东虎彩云印刷有限公司

规　　格：787mm×1092mm　1/16　12.25 印张　238 千字

版次印次：2023 年 5 月第 1 版　2023 年 5 月第 1 次印刷

定　　价：88.00 元

前　言

　　存在即过程。众所周知，"存在即合理"是德国哲学家黑格尔的著名论断。[①] 学界对黑格尔这一观点通行的理解是：凡是存在的，就是合乎道理的，就是合乎事理的，就是合乎理性的。[②] 然而，在探寻存在的合理性之前，首先要弄清的一个前提性问题是：如何判断事物是否存在？只有先解决了是否存在的问题，才有接下来的"存在是否具有合理性"的问题。人们在现实生活中，总是声称或主观臆想着某种东西的存在。例如，有些人可能会有这些想法："这个人是天才""普通大学出来的学生肯定不行""这个人地位很高，智慧也一定很高""那个人地位不怎么样，智慧肯定也不怎么样"等。如果套用"存在即合理"的观点，那么，他们的这些判断就一定是"合理"的。这样一来，人们就可能信以为真，不假思索地接受实质上不存在的伪事实。这不符合思维规律。思维规律告诉人们，首先要思考某一事实是否存在，然后再思考该事实的合理性问题，而不是一开始就思考"既然是存在的，那就是合乎理性的"。如果人们首先不能搞清楚是否存在的问题，仅仅凭借事物的表象看问题，那就可以肯定地说，人们一定是活在虚幻的世界中。再说，"合理"一词，在我们心目中是褒义词，而不是中性词。例如，人们也经常会有这样的想法："你这样做合理吗""你这种想法合理吗""既然不合理，为什么还要这样想、这样做"等。如果说，由于某种不好的事物是存在的，因此它是合理的，这样的说法叫人难以接受。再说，由于虚幻也是一种存在，那存在是虚幻的存在还是真实的存在，这也是首先要搞清楚的问题。

---

① 参见［德］黑格尔《法哲学原理》，范扬、张企泰译，商务印书馆1961年版，序。
② 参见360百科"存在即合理"，https://baike.so.com/doc/23828750-24385185.html。

"存在即过程"，有过程才有存在，没有过程就没有存在。没有锻造智慧的过程，就不可能有高智慧；没有"十年磨一剑"的正确过程，就无法制成锋利无比的宝剑；整天沉迷于人情世故，就难以拥有专业领域方面的过人成就。我们用存在的过程性很容易鉴别存在的虚假性。此外，存在不是一个点，而是一个不断运动的过程，事实的实质是过程，是不断受到外界的力的作用运动变化的过程，正所谓"运动是绝对的，静止是相对的"。

法律不只是书本上的法，不只是法律条文中的法，更不只是考试中的法。法律根植于社会土壤，是道德中情与理的结晶，一旦产生，便是情与理在社会实践中的有效释放和运行。法律以惩恶扬善为己任，是从情到理再到法的过程，是在情、理、法之间运行的过程。法律是国家意志的凝聚，而国家意志只有基于运行中的法律，并借助于情与理才能有效地加以推行。

法律是存在，其实质是过程。法律的出台，即立法，是过程；法律在社会实践中加以实施，是过程；执法机关的执法活动，是过程；司法机关适用法律解决法律纠纷和法律冲突，是过程；律师从事法律服务，是过程；公民的守法活动，是过程。法律不只是写在文件上的白纸黑字，不是摆设，也不是被用来供人表达敬仰和崇拜的实物。在立法活动结束、法律出台之后，法律便被人们以某种形式固定下来，其自生效实施之日起，就开始在社会实践中运行起来。行政机关依法行政，执法机关依法执法，司法机关依法审判或裁决，律师依法向社会提供法律服务，社会大众在法律关系范围内依法行事。法律自出台实施之日起，就开启了社会实践检验之路，社会实践同时又在推动法律的立、改、废的运行模式。综上，法律是立法、执法、司法、提供法律服务、守法等运行过程，这些要素之间的相互联系、相互依存、相互制约、相互作用、协调运转的关系和程式，构建了法律运行机制。

责任是因为一种期待而存在的。人是群居性动物，具有社会性。在众多人聚集的社会里，由于人有欲望、认知、能力、素养、秉性、品质等差异，如果任由每个人的个性伸展，人与人之间的纠纷和冲突就在所难免，社会将因此而处于杂乱无序的状态，最终损及每个人的利益。于是，同根、同源、同祖、同文化的人们就产生了一种组建国家的愿望，期待国家对一定地域范围内具有上述特点的人们，实施有效的统治和管理，以便人们生活在一种有序、安全、发展、和平、稳定的社会环境之中。这便是国家所肩负的对其民众的责任。

人类社会历史上存在过两种治理社会的方式：一种是人治，另一种则是法治。由于人治的主观随意性很强，主要依据统治者个人的主观意志来统治和治理社会，很难实现社会的平等、公平、公正和正义，背离社会大众的良好期待，无法胜任其所肩负的对国家的责任、对社会的责任、对自然的责任；而法治是依法而治，依据通过特定的立法程序所形成的法律来治理社会，更有利于实现社会平等、公平、公正和正义。因此，现代社会，国家及其民众选择了用法治的方式来治理社会，摒弃了人治的社会治理方式。法治是社会实践和民众对国家治理社会方式的期待。

法律运行机制是在法治的背景下，国家及其工作人员运用法律手段治理社会的复杂系统的工程，包括法律的制定、法律的有效实施、法律的适用、律师的法律服务、守法等众多环节，以及法律运行外部环境建设和法律工作人员的自身建设。立法、执法和司法是法律运行机制各构成要素的中心和关键环节，所有的其他要素及法律运行机制的外部环境都因此而生，并反作用于此。立法权、执法权①和司法权，都产生于国家权力，是国家权力的派生，是国家权力在社会实践中的运用。三者不是彼此独立的状态，准确来说是各司其职的状态，共同为国家服务，为社会大众服务，为法律主体服务。处于法律运行机制各构成要素的中心和关键环节的立法、执法和司法相互配合，相互协调，相互作用，共同肩负着国家统治和管理社会、服务于社会的神圣使命和重要责任。

在法律出台之前，为了确保即将出台的法律具有良法性质，

---

① 执法权不等于行政机关行政管理权，行政管理权范围要大于执法权范围，因为法律作用于社会的"面"要远远小于社会本身。"不是所有的社会关系都受到法律规范的调整"是法学界公认的，也是符合社会实践的。法律调整范围之外的社会关系，就很难涉及执法，但不能没有行政机关的行政管理。——笔者注

仅仅在立法程序上保证合法，是远远不够的。如果很难确保立法机关制定出来的法律具有良法性质，或者良法性程度不高，那么，以这样的法律为中心所推行的法律运行机制，显然违背了民众对法律的合理期待，也违背了法律对民众所肩负的责任，不仅对法律的社会治理起不到任何好的作用，反而会造成诸多负面影响。在法律运行过程中，问题的关键不是法律如何运行及法律的运行状况，关键是，法律在什么样的社会环境下运行。如同耕地人用壮牛来耕地，牛是好牛，如果耕牛人不行，或者所耕的地是盐碱地或荒山碎石地，那么再好的牛也耕不出肥沃的庄稼地来。因此，法律运行机制应当是法律的运行与法律运行环境共同作用的过程和结果。

虽然立法、执法和司法是法律运行机制各构成要素的中心和关键环节，但法律运行不等于立法活动、执法活动、司法活动，也不等于立法、执法和司法三者的综合运行。社会实践对法律提出"立、改、废"等立法需求时，立法机关应当及时有效地完成相应的立法工作，这是立法者对社会所肩负的立法责任；社会实践需要行政执法机关严格履行执法职责时，行政执法机关应当及时有效地公正执法，这是行政执法机关对社会所肩负的执法责任；社会实践对司法机关提出适用法律解决法律纠纷和冲突时，司法机关应当及时有效地履行其职责，做到公正司法，这是司法机关对社会所肩负的司法责任。立法责任、执法责任和司法责任是法律运行机制的重要组成部分，但不是全部。从某种程度上看，等到社会对立法、执法和司法提出需求时，这些方面的社会问题可能已经积攒很久，也已经给社会带来了相当程度的损伤。据此，从某种程度上来看，完全由立法、执法和司法构建起来的法律运行机制，是被动的。需要立法，立法机关就去立法；需要执法，执法机关就去执法；需要司法，司法机关就去司法。这与责任下的立法者、执法者和司法者的主动状态是背道而驰的，因为，责任讲究的是责任心、责任感等主动状态。

被动状态下的法律运行，必将把法律运行机制的范围缩小到立法、执法和司法等狭小的范围内，甚至这一范围有时还会不自觉地将律师法律服务和守法排除在法律运行机制之外。被动状态下的法律运行机制将法律工作者培养成以法律活动为职业的法律职业人，将法律活动当成养家糊口的职业，甚至当成赚钱和升官发财的手段和工具。法律运行机制需要一批有责任心、有责任感、追求法律正义、不计个人得失地把法律活动当成终生追求的事业的法律事业人。这样，在责任下构建的法律运行机制，才会由被动变为主动，才能促使法律运行机制在社会治理过程中发挥治国安邦的重要价值。

主动状态下的法律运行机制，必须构建在责任的基础之上。立法者、执法者、法官、检察官、警察、律师、法学家、法学学者、大学里的法学教员以及大学里法学专业的法科生等各种法律相关群体，必须充分意识到法律对他们所寄予的期待、民众对他们所寄予的期待、国家对他们所寄予的期待、社会对他们所寄予的期待、人类对他们所寄予的期待、自然对他们所寄予的期待，以及公平、公正、正义对他们所寄予的期待。

法律的运行是靠各行各业法律工作者来推动的，而法律工作者是活生生的人，具有一般社会民众所具有的七情六欲，有着思想、秉性、品德、认知、能力、智慧、修养等一般人所具有的特性。因此，法律、民众、国家、社会、人类、自然，以及公平、公正、正义对各行各业法律工作者的期待，不仅仅在于法律方面，更在于他们的思想境界或思想高度。这种期待是对他们拥有良好秉性的期待，对他们拥有高尚品质的期待，对他们拥有较高认知能力的期待，对他们拥有更高智慧的期待，对他们拥有良好的人生修养的期待。所以，法律运行机制不单单是法律的运行机制，而且是在责任的约束和作用下，由法律工作者自身建树所推动的法律运行环境下的法律运行机制。

法律运行不仅涉及各行各业法律工作者，还广泛涉及各行各业的社会民众。这些民众是社会上主要的法律主体，也是法律运行的主要承担者和践行大军。他们的思想境界或思想高度及他们的人生素养，直接决定着法律运行的效果，直接影响到法律运行机制的构建及其成效。这便是法律运行机制中法律运行环境建设的部分。法律运行环境是法律运行机制的社会土壤和基石，离开这样的土壤和基石，法律运行机制无疑是空中楼阁、无本之木。基于各行各业法律工作者受过良好的教育，拥有较高认知能力和智慧，因此，法律工作者又肩负着说服、引导、教育社会民众的重要责任。尤其是在各种利益诱惑的情景下，法律工作者的上述责任更加艰巨而重大。据此，法律工作者应当走出自己的工作领域，走进社会民众生活之中，密切联系群众，了解社会民众所思、所想、所感、所求，为法律在社会现实生活中的良好运行提供环境支持，确保法律运行机制良性运转。

理论与实践统一于对外界事物客观规律的认识。无论是理论工作者还是实践工作者，如果其对事物的认识只停留在事物的表象上，停留在事物的"万变"层面，那么，理论一诞生可能就已过时，而实践则无法顺利应对外界事物。理论与实践不是为了帮助人们创造事物更好的形式，而是为了帮助人们更好地认识和理解事物的形式背后的实质。理论的价值不是在于解释事物的现象，而是在于帮助人们认识事物的实质和关键，帮助人们认识事物的发展变化规律。基于此，帮助人们提高对"法律"这一事物的认识，是本书的写作思路，也是本书的写作动机和目的。

目　　录

第一章 责任的界定及其
在法律运行机制中的地位

一、责任的界定

（一）责任在社会现实中具体体现

何为责任[①]？谈到责任这个问题，人们的脑海里会呈现很多有关责任的词语，诸如职责、岗位责任、法律责任、道义责任、社会责任、责任感、责任重大、肩上的责任、负责任等。通常，人们对责任从两种意义上进行理解：一种意义上是分内应当做的事，如职责、岗位责任等；另一种意义上则是指一种后果，即违反法律义务、约定义务和伦理上义务而应承担的种种后果，如法律责任、道义责任等。不过，这两种责任含义不能完全解释现实生活中有关责任的现象，如企业的社会责任、国家对未来子孙后代的责任、朋友之间的责任、父母对子女的责任、子女身上的责任、人对自己的责任、人对宠物的责任等。

这些责任不是能简简单单地用道德和法律来加以解释的。企业的社会责任显然不是法律上的责任，也不能用道义责任完全加以诠释；父母对子女的责任、子女身上的责任也不能完全用法律上和道义上的责任来加以解释，如父母因双双外出打工而未能尽到照顾其未成年子女的责任，他们既不违反法律也不能被判定为不道德；国家对未来子孙后代的责任、人对自己的责任，以及人对宠物的责任、人对环境的责任、人对地球的责任则更无法从法律上和道义上进行解读。发达国家在发展的历程中，对自然资源进行疯狂掠夺，造成了严重的环境污染，并没有任何人指责他们违反了法律和道德。从资源的充分利用到资源的有效利用的转变，是现实国家对其所肩负的对未来子孙后代的责任的一种觉醒，是人类对自然环境及对地球责任的一种觉醒。

---

① 参见杜国胜《司法口才理论与实务（修订版）》，中国政法大学出版社 2022 年版，第 25～27 页。

（二）责任的实质性内涵

期待是责任的实质性内涵。责任并不是因为利益而存在，也不是因为有相应的惩罚而具有现实意义，责任是因为一种期待而形成的。例如，父母对子女的期待造就了子女对父母的责任、被监护人对监护人的期待造就了监护人对被监护人的责任、学生对老师的期待造就了老师对学生的责任、民众对政府的期待造就了政府对民众的责任、民众对国家和社会的期待造就了国家和社会对民众的责任、社会对企业的期待造就了企业对社会的责任、① 未来的子孙后代对现实国家的期待造就了现实国家对未来子孙后代的责任、动物和地球对人类的期待造就了人类对动物和地球的责任。"对人民负责""对党负责""对家庭负责"等用语，无不是一种期待的写照。期待越多，责任就越重大。责任不仅存在于人与人之间，同样也存在于人与动物、人与自然之间。

（三）责任中"期待"的性质

1. 具有合理性

（1）语言的两大基本功能。②

语言学家认为，"语言是具有多种功能的最重要的工具：既有交际的功能，又有思维的功能，还有传递信息、表达思想、认识世界等其他诸多功能"③。语言学家所讲的这些语言功能，描述的是人类的语言经过几千年发展演变之后所呈现的各种不同的状态，但没有道出语言的最基本的状态。从人类语言的产生来看，起初人类在接触到外界事物时，产生了一种将其所看到的、听到的、感觉到的事物信息传递给同伴的冲动，渐渐地，用来描述事物状态的特定的语言便随之产生。由此可见，描述事物的实然状态是语言第一

---

① 社会期待企业生产和提供价廉物美的商品、提供良好的服务，这是企业社会责任的实质性内涵。企业除了其所承担的社会责任之外，还要承担环境保护的责任，承担有效、合理利用资源的责任。这些责任规制着企业的社会存在宗旨，因此，"实现企业利润最大化"只是企业自身的想法，不应当成为企业社会存在良性的考量标准。无责任心和责任感的企业，其利润的大小与其危害程度成正比。——笔者注

② 参见杜国胜《司法口才理论与实务（修订版）》，中国政法大学出版社 2022 年版，第 8～16 页。

③ 刘富华、孙炜：《语言学通论》，北京语言大学出版社 2009 年版，第 41 页。

大基本功能。实然与应然是哲学上的一对概念。实然是事物现实所呈现的状态，如"他犯罪了"；而应然是事物应当呈现的状态，如"他不应当这样对我"。应然是对实然的评价、矫正与指引，如"你不应当这样，你应当怎样怎样"。由于人的认知能力的局限性，人类的社会实践行为始终处于不断矫正之中，因此，描述事物应然状态是语言的第二大基本功能。人们在认识事物的过程中，不仅要认识事物的实然状态，还要认识事物的应然状态，即认识事物的发展脉络及事物的规律。事物的应然状态是鉴别事物实然状态的标尺，不符合事物应然状态的实然状态是有水分的，含有虚假成分，甚至不存在。因此，语言的第二大基本功能对其第一大基本功能具有修正作用。

语言及其所含的语词，是人类在社会实践过程中发明的，用来描述外界客观事物及其发展变化规律的工具。这就是语言及其所含的语词存在的基本价值，离开这一基本价值，语言及其所含的语词就会呈现虚假性特征。民法中的欺诈、虚假陈述，刑法中的诈骗，都是因虚假性语言和欺骗性语言而产生的。因此，人们在认识事物时，不能把目光仅仅停留在语言及其所含的语词上面，而要透过语言及其所含的语词看到其背后所描述的客观事实及客观事物的规律。这是"主客观一致"的哲学原理的要求。据此，要透过"知识""科学"等词语看到其与背后的客观事实及客观事物的规律，看到其合理性，不能仅停留在"知识""科学"等词语上。

（2）合理性的含义。

合理性中的"理"，不是理论，也不是理性，不能把合理性解读为合乎理论，也不能把合理性解读为合乎理性。理论有真理和谬论之分。有正确反映客观事物的理论，也有主观臆造的理论；有准确地反映客观事物规律的理论，也有错误地反映客观事物规律的理论；有反映事物表象的理论，也有反映事物实质性内涵的理论。可见，合乎理论的不一定是客观的、正确的。同样，理性和感性描述的都是人的认知状态，其不同点在于人在认识外界客观事物时所涉及的认识面的大小的差异，以及是否掺入了个人情感因素。它们的共同点在于，两者涉及的认识面都存在局限性，只不过程度不同罢了。由此可见，理性认识可能因其所涉及的对外界客观事物的认识面的局限性，而出现错误认识，如逻辑学中的归纳推理。

无论是理论、知识，还是理性认识、感性认识，都是人对客观事物及其规律的认识。合乎理论、合乎理性，最终要符合客观事物的规律。是故，合理性中的"理"指的是客观事物发展规律或客观事物发展之理。作为人类的语词，合理性所描述的状态是，人的认识具有合乎客观事物发展之理、合乎事物规律的状态。具有这样的状态，人的认识才能被称为具有合理性。

2. 具有对价性

责任中的期待，除了具有合理性之外，还必须具有对价性。因为，责任体现的是一种相互受益的关系，一种人与人之间交往的社会关系，一种人与自然的相互关系，一种人与其他生命体及非生命体的相互关系。责任是一种关系，是一种相互的关系，而且这种相互关系是一种对价关系。我对你好，我就有权利期待你对我好，你可能也就有责任对我好；自然界为人类的生存和发展提供了给养，自然界就有权利期待人类不破坏大自然，有权利期待人类保护大自然。

对价性要求责任中的期待必须有行为、情感等付出性对价作为铺垫和支撑。无厘头、凭空的期待是不产生任何责任的。例如，企业在食品展销会打出广告称，展销会期间，食品供市民免费品尝。这种广告词不构成任何道义上、法律上的承诺，因此不能产生企业对市民的道义上的责任和法律上的责任。企业之所以打出这样的广告，目的也是希望市民日后能购买该企业的产品。可见，这是企业在创造市民未来对该企业产品的购买责任，在创造企业对市民的未来期待。当然，这种未来的期待不构成市民未来对该企业的任何责任。

合理性既有事物或人相互关系中的双向性，也有事物或人自身发展的单向性。在具有单向性的合理性当中，因无对价性，期待即便具有合理性，也不产生责任。例如，学生期待能考出好成绩，每个人都期待自己有个美好的未来，期待东山再起，期待雨过天晴，等等。这些期待都可能含有合理性成分，但因无对价关系，所以不属于责任关系中的期待，也就不因之产生责任。

3. 合乎道德性

责任中期待的合理性和对价性要接受道德的价值评判。合乎道德性要求责任中的期待必须具有社会公认的道德基础，也就是说，一个人在相互关系中付出（即对价），不仅要有利于他人，有利于集体，还要有利于社会，有利于国家，有利于人类，有利于人与自然和谐相处。否则，这就不构成责任中的期待，在主体身上不能产生责任。这是道义上的责任所必须具备的基础性条件。

4. 合乎法律性

责任中的期待不仅要合乎道德性，还要合乎法律性。法律是国家立法权力所及的领域，而道德领域没有国家立法权力。惩恶扬善是法律的目的和宗旨。

用数学中的集合来表示，法律包含于道德这一集合，属于真子集。可见，在法律规范范围之外，责任中的期待合乎道德性即可。但是，在法律规范规制的范围内，责任中的期待还需要合乎法律性。例如，子女可以期待其父母尽到抚养责任，但不能期待父母通过违法犯罪手段对子女实施抚养。总之，违法犯罪行为不产生任何道德上及法律上的权利性期待。

衡量责任中的期待是否存在，首先，要看这样的期待是否具有合理性，大学生期待父母为其在大学里提供奢侈的生活，显然是不合理的；其次，要看这样的期待是否具有对价，是否是在相互受益关系中发生的；再次，要看这样的期待是否合乎道德性；最后，要看这样的期待是否合乎法律性。只有弄清楚这些问题，期待才能产生责任，否则，尽管有期待，也不能因此而产生任何责任。

二、责任与权利、义务、权力三者的关系

（一）责任与权利之间的关系

权利是一种"想要"。[①] 从实然角度来看，法律是国家意志的体现，是国家"想要"的一种社会状态；从应然角度来看，法律是法律主体意志的体现，是法律主体"想要"实现的一种状态。总而言之，法律是一种意志的体现。据此，权利是法律的意志，是法律想要法律主体做什么。当法律主体的"想要"与法律意志一致时，才是法律主体的权利，权利是一种"想要"。例如，法律主体想要拥有住宅，法律赋予其住宅权；想要拥有财产，法律赋予其财产权；想要选举，法律赋予其选举权；想要拥有人格、名誉，法律赋予其人格权、名誉权；等等。组织中的权力是责任，而不是权利，因为权力是"被想要"，是组织成员对权力者的期待。当然，权利也是一种"不想要"。

行为不是权利的直接指向。"权利—意志—行为"是权利与行为的关系模式，权利行为是指有权想或不想这样或那样做。人的行为受人的意志控制和支配，跳过意志看行为，很难定性行为是权利性质还是义务性质。例如，对于学生的上课行为来说，学生本人想要上课，学生的上课行为就是学生的权利；学校规则要求学生上课、学生父母想要学生上课，学生的上课行为就

---

① 参见杜国胜《司法口才理论与实务（修订版）》，中国政法大学出版社 2022 年版，第 27 页。

是学生的义务。

判断某一行为是权利行为还是义务行为，要看行为主体的想法处于一种怎样的状态。如果是行为主体想要这样行为，该行为便是行为主体的权利；如果是他人、集体、国家、社会、自然界要求行为主体这样做，那么，该行为便是行为主体的义务。同样的行为，既可能是权利，也可能同时是义务，如海洋环境科学研究行为、付款行为、学习行为、诚信行为等。

如上所述，"责任"一词所描述的相互关系是一种期待与被期待的关系。其中，被期待方就是负有责任的一方，期待方就是权利方。期待的实质是，期待一方想要被期待一方通过一定行为来满足期待方的某种想法，因为，期待方之前在与被期待方的相互关系中，向被期待方支付过对价，所以，有权利期待被期待方为或不为一定的行为。

在责任关系中，权利方对对方的"想要"，就是对对方的一份期待。这时，"想要"和期待具有同一性，相互重合。当然，如果用一个向外的箭头（以权利主体为基点）表示权利中的"想要"的话，不是所有的"想要"都对应着一份责任、都与责任中的期待相重合。例如，学生内心想要努力学习，这种"想要"不产生任何责任方；但学生内心想努力学习，同时又期待不受任何人打扰时，则要另当别论。"想要"不等于期待，不是所有的权利都对应着一份责任，只有在责任关系中，权利才既是"想要"，又是期待，一方的权利，意味着另一方的责任。

（二）责任与义务之间的关系

责任与权利之间的关系所描述的状态，实质上同权利与义务关系所描述的状态是一致的，只不过，责任更多的是社会生活用语，义务更多的是道义和法律用语。责任和义务描述的都是一种相互关系，如人与人的关系，人与动物的关系，人与植物的关系，人与生态环境的关系，等等。在这种相互关系中，相互之间都寄予了对对方的期待。这种期待或产生责任，或产生义务。

义务是责任的一种，源于同一种期待，也就是说，在相互关系中，期待产生的或是责任，或是义务。原因在于，在社会现实生活中，责任和义务有各自的表述范围，不是所有相互关系中的期待，都能用"义务"一词来加以称谓和描述的。例如，肩上的责任，责任与使命，责任心、责任感，等等。

众所周知，法律所涉及的领域无法面面俱到，因此，现实生活中提到的语词，更多的是责任，而不是义务。责任比义务更严谨，因为，"责任"一词包含了"为他人着想"的成分，而义务则不然。《联合国宪章》七项原则中第二项原则的表述是"善意履行宪章义务"，弥补了法律义务中的缺失。如果没有责任心和责任感，就很容易成为无良的守法人。

由于责任比义务要求更严格，因此，责任要求其行为过程中需要时刻考虑权利方的想法或期待，要求设身处地地实施行为；而法定义务或约定义务的要求则没有那么严格，只要按照法定条件或约定条件去做，便视为履行了义务。所以，守法行为并不能当然证成行为主体的品德素养。责任着重于对一个人的内心的严格要求，做事要用心，做人要有良心。而义务则着重于对一个人行为的要求，只要按照合同的约定或法律规定的要求行事，就可以算是履行了约定义务或法定义务，就不会产生因违反约定义务或法定义务而带来的第二性法律责任。这种履行义务的过程，义务方可能完全不会顾及权利方的期待，这就为法律运行机制带来诸多隐患。我们完全有理由把这类人称为"缺德的守法人"。这不应当是法律运行机制所能容忍的。

（三）责任与权力之间的关系

《现代汉语词典》将"权力"界定为：政治上的强制力量，如国家权力；职责范围内的支配力量。① 针对《现代汉语词典》中有关权力的定义，有学者提出了不同的看法，其认为，仅仅有支配与被支配这种人的行为的相互关系，还不能被称为真正意义上的权力。严格意义上的权力，仅指对有组织的力量的支配能力，只有对组织力量的支配才是真正意义上的权力，而并非任何一种支配能力、支配行为都称得上是权力。② 学者的这种观点，实质上与《现代汉语词典》中有关权力的定义大同小异，都是将权力表述为一种支配与被支配的关系，只不过将这种支配与被支配的关系限制在更为狭小的范围罢了。这两种权力的定义有个共同点，就是把权力描述成了一种支配与被支配的关系。这样的权力的定义，显然是从权力形成之后的运行状态来界定的，没有对权力的形成过程进行描述。

力的实质是一种集中，它的量的集中，叫力量。从权力产生的过程来看，权力产生于一种需要，产生于特定多数人的一种需要。这些人在社会生活和生产过程中，由于受各自自我意志的支配，他们的行为会经常发生摩擦

---

① 参见中国社会科学院语言研究所词典编辑室《现代汉语词典》，外语教学与研究出版社2002年版，第1596页。

② 参见李建超《组织权力行为研究》，研究出版社2008年版，第6页。

和冲突，导致其行为的社会实践效率大大降低，于是就产生了共同建立一种组织的需要，并赋予组织一定的权力，由组织对他们进行统一管理。权力是一种组织概念，"离开了组织，就没有权力"[1]。

个体人是组织的成员和基本元素。相对于组织的权力来说，权利是组织成员中个人的特有属性，体现了组织成员间的社会关系，因为"权利是在人与人的相对存在的社会状态之中存在的"[2]。权力来源于权利，随着人的认识发展和社会的逐步形成，产生了一些社会公共事务需要由一定的人组成的组织来实施和完成。组织中成员为了自身的利益而委托组织来统治和管理其内部事务。权力源于组织成员集体授权，是组织成员权利的集中，目的是协调每个组织成员的权利需求，以便对组织内部事务进行统治和管理，因而就产生了规则制定权力、规则执行权力和纠纷解决权力。

权力的服务对象是权利。权力就是在对其成员的各种权利性"想要"进行选择、引导、鼓励、肯定和否定过程中加以运作的，以服务于权利为要旨，确保权利合理实现，为权利保驾护航。为其组织成员谋福利的权力，承载着其成员的期待，而责任的实质就是这种期待，因此责任是权力的本质属性。这也是理论界把权力归属为职责的根本原因所在。就权利性"想要"来讲，权力为权利画出合理的边界、在实践中加以推行并予以相应的救济，不可能、也不被容许其涉及边界内权利性"想要"的具体内容，否则就有侵犯权利的嫌疑。因此，权力必须是一种范围，也就是通常所说的权限。例如，"管理本组织内部公共事务"中的"公共事务"就是权力的边界，超越这个边界，权力就不复存在，甚至会危及权利需求，有违权力的责任性。

权力不仅仅是为权利性"想要"画出合理的边界，然后被动地守护这个边界，并对超越边界的行为实施惩戒或处罚，权力主体还要时时刻刻考虑权利主体的期待，考虑权利主体的权利性"想要"，具有强烈的责任感和使命感。权力主体无论行使什么样的国家权力，都必须时刻为权利主体着想，在其权力范围内最大限度地为其对象服务。因此，权力的实质是权力主体在其权限范围内，时刻为权利主体着想，以强烈的责任感和使命感积极服务于权利主体的权利性"想要"，并在此基础上实行统治或管理权利性"想要"的合理边界。显然，支配与被支配关系不仅是权力运行过程的表象，还倒置了权力拥有者与权力授予者之间的关系，贬低了权力授予者的地位，为权力拥有者滥用权力开道。权力是一种责任，权力拥有者肩负着为组织成员用心服

---

① 李建超：《组织权力行为研究》，研究出版社 2008 年版，第 8 页。

② 王宗文：《权力制约与监督研究》，辽宁人民出版社 2005 年版，第 4 页。

务的责任和使命。

三、责任的分类

（一）义务型责任

第一性法律关系中法律主体的实体义务，实质就是因权利人的期待而产生的。例如，在约定义务中，权利人按照约定支付了对价（如货款、房款、货物、服务等），之后，权利人就产生了一种期待，期待义务人接受对价之后，按约定的要求交货，交房并办理房产过户手续，支付货物款项，支付服务费，等等。

在第一性法律关系中，权利人的"想要"是对义务人发出的一种期待，义务人的义务因权利人的这种期待而产生，承受着权利人的期待，这就是责任。可以说，义务人，实质上就是肩负着对权利人的责任的责任人。只不过，法律没有用责任的要求来严格对待义务人。但是，要想让法律运行机制在社会实践中得到良好运行，实现其目标预设，起到良好的社会控制效果，法律运行机制就必须注意到法律义务的这种不足。

（二）后果型责任

后果型责任就是人们最为熟悉的法律责任。其描述的状态是，当事人因违反法定义务或约定义务而承担的不利后果。法律责任是一种违法行为的责任，包括民商事法律责任、刑事法律责任、行政法律责任、侵权行为责任等。有学者将法律责任称为第二性法律义务，认为法律责任是"由于违反第一性法定义务而招致的第二性义务"①。可见，法学领域的学者已经意识到责任与义务的关系，并将二者等同使用，但这也只停留在模糊、抽象的层面，并未因此引起法学界的重视和深入研究。

责任中的期待，一旦成为法律关注的对象，进入法律视野，被法定化或约定化，就会给被期待方规定法定义务或约定义务。后果型责任或法律责任，是当事人违反了第一性法律关系中的义务，而导致了第二性法律关系中守法一方对其的期待。后果型责任或法律责任中的被期待对象更广，除了违

---

① 张文显：《法的一般理论》，辽宁大学出版社 1988 年版，第 119 页。

约当事人或犯罪嫌疑人之外，还有受害方当事人对审判人员的期待、对侦查人员的期待、对公诉人的期待、对代理或辩护律师的期待、对公正审判的期待、对正义的期待等。由此可见，后果型责任或法律责任，已经不单单是违法犯罪行为人或被告因其违法犯罪行为所要承担的法律责任，而是将刑事侦查责任、公诉责任、审判责任、代理或辩护律师责任、公正审判责任等囊括在其中，其范围远远超出义务型责任这种当事人之间的单向范畴。后果型责任或法律责任是法律运行机制的核心环节。正如17世纪英国哲学家弗朗西斯·培根所言，"一次不公正的审判比多次不平的举动为祸尤烈。因为这些不平的举动不过是弄脏了水流，而不公的审判则是把水源破坏了"①。

四、责任在法律运行机制中的地位

（一）法律运行机制的含义

1. 机制的含义

关于机制的含义，现在，人们一般将其解释为"机器的构造和动作原理"。"机制"一词被广泛运用于自然现象和社会现象，指其内部构成要素之间相互联系、相互依存、相互制约、相互作用、协调运转的关系和方式，是一种由相互联系、相互制约的特定部分所构成的活动体系。机制具有对社会运行的某一方面进行调节和控制的功能。② 机制是指社会学科领域中的某一社会现象的内部构成要素之间相互联系、相互依存、相互制约、相互作用、协调运转的关系和方式，是一种活动体系。

在自然现象中，机制具有事物自身自我调节及内部构成要素之间协调运转的功能，如人体的自我调节和运转。在自然现象中，事物的内部机制运转是为了适应外部环境的变化，而不是用来改变外部环境的。当然，事物内部机制的运转也会反过来对外部事物发生影响和作用，因为自然界万物之间是相互联系、相互作用、相互影响、相互依存的。由万物构成的自然界，本身就是一个机制，叫自然机制。显然，自然现象中事物的内部机制是为了适应

---

① ［英］培根：《论司法》，转引自《培根论说文集》，水天同译，商务印书馆1983年版，第193页。

② 参见伍柳氏《政治纠错机制的含义界定与研究价值》，载《学理论》2014年第21期，第1页。

其生存环境而产生的，具有被动性，而不具有改变环境的主动性。在社会现象中，由于人的主观能动性作用，由人构建起来的并由人组成的事物内部机制，不仅要确保内部构成要素之间协调运转，实现自我调节，以确保事物内部机制适应社会环境和自然环境的变化，保持事物处于良性状态，而且还要对社会运行的某一方面进行调节和控制。可见，社会现象中事物的内部机制具有内部协调功能、自我调节功能、适应外部环境功能及社会控制功能，不仅具有被动性，还具有主动性。在社会现象中，事物内部机制各构成要素之间的自我调节、协调运转，不是事物内部机制存在的目的，借助于事物内部机制的良性运转，更好地实现对社会运行的某一方面进行调节和控制，才是目的。

2．法律运行机制的内部构成要素

法律是人类社会的产物。这一产物的产生过程及其对社会实践发生作用的过程，构成了法律运行机制的两大主要要素。这两大主要要素又可以细分为立法机制、执法机制、司法机制、律师法律服务机制及守法机制等次级要素。从表象上看，立法机制主要肩负着法律制定的责任，执法机制主要肩负着监督法律在社会实践中实施的责任，司法机制主要肩负着适用法律解决法律纠纷和冲突的责任，守法机制主要肩负着遵守法律的责任，等等。无论是两大主要要素，还是次级要素，人在其中都发挥了重要作用，且涉及法律工作者的自身建设，因为这关乎法律运行机制自身是否处于良性状态，关乎法律运行机制是否能够在社会实践中处于良性运转状态。

3．法律运行机制的基本内涵

基于上述分析，我们可以将法律运行机制的概念描述为，在法律工作者主观能动性的作用下，在法律产生过程及其对社会实践发生作用的过程中，由立法机制、执法机制、司法机制、律师法律服务机制及守法机制构成的内部要素之间相互联系、相互依存、相互制约、相互作用、协调运转的关系和程式，并因此而形成一种各要素相互联系、相互制约的活动体系，发挥着自我调节和社会控制功能。

法律工作者的自身建设，自我调节，各要素之间协调运转，社会控制和管理功能，等等，是法律运行机制内部功能和外部功能的集中体现，也是法律运行机制的基础性内涵和关键要素。法律运行机制的基本内涵和关键要素，提醒着广大法律工作者，不仅要注重法律运行机制的内部各要素及其相互关系的建设，而且要注重法律运行机制的外部社会控制功能建设，注重两者相辅相成的辩证关系。法律运行机制的外部社会控制功能决定了法律运行机制的好坏，如果外部社会控制功能发挥不到位，再好的内部机制也华而不实，是一种形式上的摆设、一种法律工作者的形象工程而已。

（二）责任对法律运行机制的影响

人类社会实践是法律运行机制的土壤，法律运行机制取之于社会实践，服务于社会实践。法律运行机制是实现对社会有效控制的有机体。而人类社会是人的社会，是人与人交往和相处的社会。无论是法律运行机制，还是人类社会实践，其主体都是人，都涉及人与人的相互关系、相互作用、相互影响和相互制约。法律运行机制涉及法律主体的期待，涉及社会的期待，涉及国家和政府的期待，涉及法律的期待。不仅如此，法律运行机制还涉及人与人类未来、人与其他生命体以及人与自然的相互关系、相互作用、相互影响和相互制约。据此，法律运行机制也涉及人类未来子孙后代的期待，涉及其他生命体的期待，涉及自然界对人类的期待。可见，无论是法律运行机制的内部各构成要素，还是法律运行机制的外部环境，都离不开责任关系的影响。责任对法律运行机制的影响主要表现在对法律运行机制内部各构成要素的影响及对法律运行机制外部环境的影响。

1. 责任对法律运行机制内部各构成要素的影响

（1）责任对立法机制的影响。

关于立法机制的内部构成要素，法学界目前没有太多相关的研究成果和相应的结论，但透过法学界对立法技术的探讨和研究，我们可以对此有所了解。立法技术①主要有广义、狭义和折中三种学说。广义说认为，应将与立法技术有关的一切问题都纳入立法技术范畴。该类学者主张："从广义上说，同立法技术有关的一切规则都属于立法技术的范围，因此，立法技术的规则大体上可以分为以下三类：第一类是规定立法机关组织形式的规则……；第二类是规定立法程序的规则……；第三类是关于法律的内部结构和外部结构的形式、法律的修改和废止的方法、法律的文体、法律的系统化的方法等方面的规则。"② 狭义说认为，应将立法技术仅局限于法的表达技术。折中说则主张，立法技术并不包括所有与立法技术有关的问题，但也不仅仅指法的表达技术。例如，周旺生从纵向和横向角度对立法技术做了区分性界定，认为"纵向立法技术，即把立法看作一个活动过程，在这个过程的各个阶段上，在

① 参见杜国胜《地方立法技术科学性之探讨》，载《韶关学院学报》2017年第10期，第45～46页。

② 吴大英、任允正：《比较立法学》，法律出版社1985年版，第207～208页。

各个阶段的具体步骤上，立法所遵循的方法和技巧。内容主要包括：①立法准备阶段的立法技术，如立法预测技术、立法规划技术、立法创议技术、立法决策技术、组织法案起草技术等。②由法案到法的阶段的立法技术，如提案技术、审议技术、表决技术、公布技术等。③立法完善阶段的立法技术，如立法解释技术、法的修改补充和废止技术、法的整理技术、法的汇编技术、法典编纂技术、立法信息反馈技术等"，"横向立法技术，即从平面的角度观察立法，这种立法活动所遵循的方法和技术，其内容主要包括：①立法的一般方法。②法的体系构造技术。③法的形式设定技术。④法的结构营造技术和法的语言表述技术"①。

依据法学界学者对立法技术的阐述及当前的立法实践，我们可以推导出，立法机制内部构成要素大体包括：立法机关、法律目的或立法目的研究部门、立法调研部门、立法决策部门、立法法案起草部门、立法提案部门、立法审议委员会、立法解释机构、法律修改委员会、信息反馈部门、法律汇编部门、立法权限审查委员会及立法工作者自身建设部门十三种相对独立的机构和部门。这些内部构成要素是相互联系、相互依存、相互制约、相互作用、协调运转的有机统一体，共同作用于立法机制的良性运转，作用于立法机关的良法的出台。而这一切都离不开立法机制所肩负的责任。若失去了国家所寄予的期待、社会所寄予的期待、法律主体所寄予的期待、其他生命体所寄予的期待、自然界所寄予的期待，便既不可能构建起良好的立法机制，更不可能使得立法机制处于良性运行状态，发挥出立法机制应有的社会功效。

（2）责任对执法机制的影响。

关于行政执法的概念，不同的学者有不同的看法。罗豪才认为，"所谓行政执法行为，是指行政主体依法实施的直接影响相对方权利义务的行为，或者对个人、组织的权利义务的行使和履行情况进行监督检查的行为。它形成的法律关系是以行政主体为一方，以被采取措施的相对方为另一方的双方法律关系"②。许崇德将行政执法界定为"行政机关实施宪法、法律、法规等法律规范的行为，包括政府所有的活动，其中有行政决策行为、行政立法行为以及执行法律和实施国家行政管理的行政执法行为"③。张国庆认为，"行政执法行为是指行政行为主体根据国家法律的规定，按照行政执法程序

①　周旺生：《立法论》，北京大学出版社1994年版，第183页。

②　罗豪才、湛中乐：《行政法学》，北京大学出版社2006年版，第124页。

③　许崇德、皮协纯：《新中国行政法学研究综述》，法律出版社1991年版，第293页。

实施行政行为的方式，具体包括以下几种方式：①行政检查；②行政决定"①。杨惠基认为，"行政执法是指行政机关及其行政执法人员为了实现国家行政管理的目的，依照法定的职权和法定的程序采取措施并影响其权利义务的行为"②。

从上述法律界对行政执法的界定来看，虽然人们对行政执法的概念存有争议，但都离不开行政机关执行法律的行为与相对人的权利行为和义务行为等行政执法的基本特征和主线。相对人的权利行为和义务行为是行政执法机制作用的对象，属于行政执法机制运行的外部环境，不属于行政执法机制的内部构成要素。行政执法是一种执行法律的权力行为，这种行为受到执法机关意志的支配和控制。行为的正确与否取决于意志是否具有正确性。行政执法机制内部构成要素之间形成相互联系、相互依存、相互制约、相互作用、协调运转的关系，目的不是获得各要素之间的平衡，而是产生正确的、合理的执法意志。从确保正确、合理的执法意志形成过程来看，行政执法机制内部构成要素应当包括：执法机关、执法决策部门、执法预测部门、执法规划部门、执法审议部门、执法案件处理部门、执法信息反馈部门、执法监督部门、执法检查部门、行政复议部门、执法责任追究部门及执法人员自身建设部门等。

执法机制内部构成要素中的每一个要素都离不开责任的影响，都肩负着对国家的责任，对政府的责任，对行政相对人的责任，对社会的责任，对法律的责任，对执法公正的责任，对正义的责任。执法机制的运行实质上是行政执法权力的行使，权力是一种职责，其实质就是责任。

（3）责任对司法机制的影响。

何为"司法"？张文显将司法界定为"司法机关依据法定职权和法定程序，具体应用法律处理案件的专门活动"③。葛洪义将司法视为"法的实现的特殊形式"④。周永坤将司法解读为"与立法与行政相对而言的一种权力"⑤。《牛津法律大辞典》将司法的概念解释为"政府的主要职能之一，包括查明事实，确定与之有关的法律，并就事实适用有关法律，对权利主张、

① 张国庆：《公共行政学》，北京大学出版社 2007 年版，第 402、403 页。
② 杨惠基：《行政执法概论》，上海大学出版社 1998 年版，第 2 页。
③ 张文显：《法理学》，高等教育出版社 2018 年版，第 250 页。
④ 葛洪义：《法理学》，中国人民大学出版社 2015 年版，第 206 页。
⑤ 周永坤：《法理学——全球视野》，法律出版社 2016 年版，第 381 页。

正义加以判断"，并同时指出"司法的职能主要是判定性的，即裁决争端"①。

"司法"一词，源于西方三权分立思想。早在古希腊时期，亚里士多德就提出了权力分立学说。他认为，"政治制度是对诸社会成员权利、地位和管理公共事务责任的分配。而一切政体都有三个要素，即议事机能、行政机能和审判（司法）机能"②。提出完全意义上的三权分立学说的是法国著名政治思想家、法学家孟德斯鸠。孟德斯鸠认为，"一切有权力的人都容易滥用权力，这是万古不易的一条经验。有权力的人们使用权力一直遇到有界限的地方才休止"。因此，"从事物的性质来说，要防止滥用权力，就必须以权力约束权力"。他主张，"立法、行政、司法三种国家权力应分别由三种不同职能的国家权力机关行使，并且互相制约和平衡"③。自孟德斯鸠之后，"司法"一词正式确立。

反观法学界对司法概念的界定，有的学者对司法的解读，完全照搬了孟德斯鸠的"立法、行政、司法"的三种国家权力的思想。随着行政机关职能的发展，"行政"一词不能等同于行政执法，行政机关除了具有行政执法功能之外，更多的是具有行政管理职能，因为社会大众除了要守法之外，守法公民还要有序地生产、生活和发展，还有对美好生活的向往。《牛津法律大辞典》对"司法"一词的解释，局限于司法救济，局限于法律纠纷和冲突的诉讼解决过程，范围较窄，与司法实践不完全相符。在英美普通法系国家，司法权除了用来实施裁判功能之外，还有一项重要功能，即为下级法院创造案例法。在中国，司法还有司法解释功能（最高人民法院）、司法建议功能、司法评估功能等。

三权分立只是某些国家实施法律意志于社会实践之中的手段、方式或途径。立法机关主要肩负着从社会实践中提炼法律意志的责任；执法机关主要肩负着纠正法律在社会实践运行过程中法律主体违法行为的责任，通过执法手段确保法律意志的推行；司法机关主要肩负着针对法律纠纷和冲突，适用相关法律做出公正裁决的责任，以终止被破坏的法律关系，或者修复被破坏的法律关系，同时对违法行为实施制裁。立法、执法和司法，虽然在具体职责上有明确的法律分工，但它们都是法律运行机制重要的组成部分，彼此具

---

① ［美］戴维·M. 沃克：《牛津法律大辞典》，《牛津法律大辞典》翻译委员会译，光明日报出版社 1989 年版，第 485 页。

② ［古希腊］亚里士多德：《政治学》，吴寿彭译，商务印书馆 1965 年版，第 214～215 页。

③ ［法］孟德斯鸠：《论法的精神（上册）》，张雁深译，商务印书馆 1961 年版，第 154 页。

有相互联系、相互依存、相互制约、相互作用、协调运转的关系和程式。

术业有专攻，立法、执法和司法部门都具有各自的专业性，外行监督内行不可行。它们都是在行使国家权力，应各司其职，共同服务好国家意志或法律意志。

对司法概念的界定，不能局限在狭窄的区域内，应充分考虑司法在法律运行机制中的地位和作用，并充分考虑司法在法律运行机制中所肩负的各种责任。因为，没有责任而为，是越权行为；有责任而不为，是渎职行为。据此，我们应当将司法的概念界定为：司法机关以"依据事实和法律，通过诉讼程序，独立裁判法律纠纷和冲突"为主要职责，辅之以司法解释、司法咨询、司法调解、审判监督、司法评估等职责的法律运行修复①活动。

从司法的概念、司法实践及司法机制良性化角度来看，司法机制内部构成要素包括司法机关、法官遴选、司法审判、司法解释、司法咨询、司法调解、审判监督、司法评估、审判流程管理、审判质量评查、责任追究、司法信息反馈等。

司法机制内部构成要素不是凭空出现的，而是充分发挥司法在法律运行机制中的良性作用而形成的。司法机制在法律运行机制中运行，绝不是孤立的，其肩负着法律的期待，肩负着国家和政府的期待，肩负着社会的期待，肩负着法律主体的期待，肩负着当事人的期待，肩负着人类的期待，肩负着其他生命体的期待，肩负着非生命体的期待，肩负着自然的期待，责任重大。若抛弃这些责任，司法机制便将因游离于社会和自然的生存土壤而失去其存在的价值，成为法律运行机制中的"坏零件"，影响法律运行机制的有效运转。

（4）责任对律师法律服务机制的影响。

律师是社会法律工作者，在国家的法治建设中，其地位和作用不可小觑。律师的职责不单单是为诉讼案件当事人提供代理或辩护服务。应社会的期待，律师职责广泛，涵盖法律顾问、法律咨询、律师谈判、律师调解、法制宣传、其他法律服务等。律师不是零散个体，不是以个人身份为社会提供法律服务，律师是一个群体，以律师事务所这一集体的身份向社会提供法律

---

① 就法律在社会实践中的正常运行来看，司法机关不是法律适用机关，而是通过正确地适用法律，来修复法律运行过程中出现的违法犯罪的病态问题，如同医者是以救死扶伤为职责，而不是以适用药理为职责。执法机关也不是法律实施机关，执法活动也是法律运行的修复活动，只不过采用的是实施法律的手段。执法机关的修复不具有最终修改权，而司法机关具有最终修改权。因此，司法机关对法律运行的修复状况，直接影响到法律的运行状况。司法机关的不公正，影响的不是"水质"问题，而是"水源"问题。——笔者注

服务。可见，律师事务所是律师法律服务机制的载体，其内部有自己的组织架构，有明确的职责划分，是为了满足社会法律需要而形成的产物。根据社会对法律服务的需求，律师法律服务机制内部构成要素主要包括律师事务所、律师的遴选部门、代理或辩护部门、法制宣传部门、律师自身建设部门等。

律师角色从国家法律工作者转变为社会法律工作者，并没有改变律师身上所肩负的责任。律师法律服务机制的存在，是为了满足法律与社会生产生活之间连接的需要，肩负着法律赋予的责任，肩负着国家和政府赋予的责任，肩负着社会赋予的责任，肩负着当事人赋予的责任，等等。律师应当时刻牢记自己身上的责任和使命，绝不能以牟利来代替这些责任和使命。如果律师对自身的责任不明确，就不可能成为十分称职的社会法律工作者，律师法律服务机制必将严重失灵，进而直接影响到法律运行机制的良性运转。

（5）责任对守法机制的影响。

谈到守法，人们便会不自觉地将其与公民守法的概念联系在一起，将守法等同于遵守法律规定或不做违法犯罪的事。实质上，守法并非如此简单。遵守法律规定或不做违法犯罪的事只是守法的形式，内心方面到底是心悦诚服，还是有所不服，这种问题从守法的形式上无法找到准确的答案。由此可见，守法涉及守法人的思想境界、法学教育、法制宣传、道德建设、文化建设、认知能力建设、行为文明建设、协助精神建设、正义感建设等。

从法哲学角度来讲，人是由意志和行为两个部分组成的。[①] 由此可见，守法机制内部要素主要由守法者思想建设和守法者行为建设两大方面构成。

在法律运行机制里，守法的目的不单是严格遵守法律、依据法律行事，确保法律运行机制在社会实践中良性运转才是法律运行机制对守法的期望。守法，与立法、执法、司法及律师的法律工作是息息相关的。可以说，守法在某种程度上是一面镜子，能够有效地反映出立法机制、执法机制、司法机制及律师法律服务机制的运行状况，为法律运行机制自我调节提供原生驱动力。法律运行机制在社会实践中运行并发挥其应有的作用，是一个过程。在这个过程中，法律运行机制必然会出现这样或那样的问题，而这些问题可以通过立法机制、执法机制、司法机制和律师法律服务机制反映出来，但守法机制是最能直接反映法律运行机制在社会实践中的运行状况的。

自私自利者、损人利己者、霸权强权者、无良之辈等，他们的守法行为

---

① 参见杜国胜《司法口才理论与实务（修订版）》，中国政法大学出版社 2022 年版，导读第2页。

只是表象，是暂时的，破坏法律、破坏社会良性规则才是他们内心的本意，这是由他们的"质地"决定的。同样，守法机制不是真空中的有机体，国家、社会与自然是它拥有生机和活力的土壤。守法机制同样肩负着法律的期待，肩负着国家和政府的期待，肩负着社会的期待，肩负着人类的期待，肩负着其他生命体的期待，肩负着非生命体的期待，肩负着自然的期待，责任同样重大。抛弃这些责任，守法行为将游走不定，守法机制必将严重失灵，以致影响到法律运行机制在社会实践中的有效运行。

2. 责任对法律运行机制外部环境的影响

（1）法律运行机制的外部环境。

法律是国家意志推行的工具，是国家实行社会治理的主要手段。安全、发展、稳定三个方面是国家意志重要的基本内核，是构建一国法律运行机制的准绳和灵魂所在。

在社会生活方面，法律不可能面面俱到，除了国家意志之外，还有社会意志、集体意志、企业意志、家庭意志、民众的个人意志等。在社会生产生活实践中，除了法律规范之外，还有党纪、乡规民约、民俗民风、商业习惯、商业惯例、企事业单位的规章制度、家规等。对社会大众来说，守法也只是他们生活的一部分，除了遵守法律规范之外，普通民众也要遵守单位的规章制度、遵守乡规民约、遵守民俗民风、遵守社交礼仪、遵守人与人之间的交往规则，还要讲人情、通世故、讲文明、懂礼貌。

以上这些构建了法律运行机制的外部环境，其中，最主要的当属道德、文化、文明，这是法律运行机制外部环境里的重要组成部分。人类产生之初，尊重、友爱、互助、和平等人际关系是人类的初始样态，当恶开始在人类中间滋生并蔓延时，这些初始样态便成了善，人类便开启了善与恶之争，道德也随之出现。显然，道德是一种力量，一种限制恶、回归善的力量，而法律是惩恶扬善的工具和手段，因此，道德为法律运行机制的构建和运行提供了社会力量。法律与道德互为责任主体。

文化是一个民族的历史传统，体现了一个民族的凝聚力，体现了一个民族的世界观、价值观和人生观，对于一个民族而言，具有强大的内在约束力和自省力。文化是人类物质技术的体现，有优劣之分，为先进思想所用的文化为善，为腐朽落后思想所用的文化为恶。从物质技术手段来看，文化具有零星分散性特征。这种零星分散性文化的力量是有限的。文化的力量必须具备两大因素，一是具有先进思想的武装，二是具有民族的认同感。强有力的文化运行过程，一定是善的运行过程。

文明是文化运动的主线和轴心，文化围绕文明做背离和回归的曲线运动。法律运行机制、道德及文化，都肩负着对文明的责任，文明则为法律运行机制、道德及文化提供原动力。

（2）责任在法律运行机制外部环境中作用。

责任心和责任感是责任的关键和基本内核。所谓责任心，是指在人与人交往和相处的过程中，言语、行为、待人处事时刻考虑他人、集体、单位、政府、国家、社会的感受，考虑到他们的期待。在人与自然和谐共生的背景下，责任心还要延伸至顾及其他生命体乃至自然界，顾及事物合理性，顾及事物发展规律，顾及自然规律。责任感着重于对责任心的时刻提醒，在社会交往和相处的过程中，人们时刻都能感觉到责任心的存在及其运作过程。

责任心和责任感直接影响到法律运行机制的外部环境建设，是优化法律运行环境的最基本的手段和原动力。有了责任心和责任感，就会设身处地为他人着想，服务的提供就会到位，产品的生产就很难出现污染环境、危害人类生命健康的现象，也很难出现违法犯罪现象。责任心和责任感会激发起人们对事物合理性的探索、对事物规律的探索、对自然规律的探索，以及追求平等、公平、公正的热情，使人类的智慧不断走向高峰。责任心和责任感促使人与人之间和睦相处，促使人与自然和谐共生，促使世界和平与安宁的局面最终得以彻底而全面地实现。反观人类侵略战争史，其中的各种侵略战争不仅是对法律运行机制的严重破坏，而且是责任心和责任感的严重丧失，使法律变得苍白无力，成为一纸空文。再反观第二次世界大战（以下简称"二战"）以来，一部分人的所作所为缺乏对自然界的那份责任心和责任感，导致人类生存环境恶化，导致地球失去了一些自我调节能力。没有责任心和责任感的法律运行机制的外部环境是恶劣的，再好的法律运行机制，在这样恶劣的外部环境中也难以运行；若丧失责任心和责任感，法律运行机制在社会实践中的运行结果将不容乐观。

第二章　法律的概念及法律运行的实质

法律是人类社会中规范人的行为、调整人与人之间社会关系的准则，是人的行为规范。然而，法律只是人的行为规范的组成部分，前者只是后者的一个种类，后者除了包含法律规范之外，还包含诸如党纪、乡规民约、企业的组织章程、民风民俗、家规、族规、宗教规范等行为规范。法律规范与其他行为规范的共同之处在于，它们都根植于人类社会，都为满足人类交往的需要，都是实现尊重、友爱、互助、和平的人类文明状态的工具，其根本区别在于，是否有国家公权力的介入。国家公权力的介入是判别行为规范是否为法律的根本标准，而公权力为统治者或立法者所掌控，其是否介入及介入的程度，取决于统治者或立法者对国家意志的认知、对法律的认知、对法律目的的认知等主观认知状态。正是这些主观认知状态的存在，导致了法律现象中主观与客观的矛盾运动，推动了人类社会的法律更替，促进了法律的发展。

人是社会人，人在参与社会活动和改造自然活动的过程中，需要讲究方式方法，遵循一定的规律。理性人的活动都带有一定的目的性，而目的的实现则是基于人的行为与目的之间某种必然的联系。要想达到这样的效果，一个理性人就必须做到认识和把握事物的现象与规律之间的必然关系。人们在评价一个人的行为是否能够达到其理性的目的时，经常会说——"你这样做没有好结果""你只要这样坚持下去，你的目的一定会实现"，原因在于，一个理性人行为目的的实现取决于其对事物与规律的必然关系的认识和把握。立法是一项有目的的法律活动，法律创制活动是立法者价值所在，也是立法者的生命。"人的真正存在……就是他的行动；人在行动中，个体才成为现实的"①，而立法者的行动是受其主观意识控制的。人的意志是人的主观成分，人的行为则属于客观定在。立法者作为人，其立法活动显然要受到其主观意志的控制。控制内容包括如何进行立法行动，如何发现事物间的必然联系，如何创制法律，等等。因此，立法机关的立法活动具有立法者主观意志活动的表征，若舍弃它，就无法理解立法者的所为。但是，立法者的立法行为是国家行为，立法权是国家的公权力，而不是立法者的私权利。为此，

---

① ［苏联］列尼·巴日特诺夫：《哲学中革命变革的起源》，刘丕坤译，中国社会科学出版社1981年版，第81页。

立法者行使立法权时，其意志还是要受到国家意志的控制的。

一、中西方学者关于法律概念的争论及评析

（一）西方学者关于法律概念的争论及评析

1. 正义论

（1）正义论的主要内容。

主张该理论学说的学者认为，法律具有正义或公正价值，能帮助社会建立正义或公正的社会秩序。从正义角度阐述法律的概念，首推古希腊哲学家亚里士多德。亚里士多德曾明确指出，正义是法律的目的，"法律的实际意义却应该是促成全邦人民都能进于正义和善德的永久制度"①。另外，古罗马法学家塞尔苏斯从道德角度对法律的善良属性及公正属性进行了阐明："法律是善良和公正的艺术。"②

（2）对正义论的评析。

正义论与其说是对法律的概念的界定，不如说是对法律的社会实践功能及其价值的描述。在对法律做出功能性和价值性阐述之前，阐述者应当先让人们了解法律的基本状态是什么，这就是事物概念的认识功能。如果不首先解决关于法律的基本状态的概念性问题，仅仅谈论法律的功能和价值，人们便搞不清楚法律到底是什么，大脑中法律的概念也会处于模糊状态。

法律的概念解决的是"法律是什么"的问题，能帮助人们认识"法律"这一事物。法律的概念是一回事，法律应当实现的社会目标，则是另一回事。正义论帮助人们认识了法律在社会生产生活实践中的价值问题，但没有帮助人们认识"法律是什么"的法律概念性问题。正如，"好人是有利于自身和社会的"的认识，并没有解决"什么是好人"的概念性问题。

2. 最高理性说

（1）最高理性说的主要内容。

最高理性说主张，应当从人类最高理性的角度来理解法律，法律是人类理性认识的结果，是根植于自然的，而不是主观恣意的。例如，古罗马哲学

---

① ［古希腊］亚里士多德：《政治学》，吴寿彭译，商务印书馆1997年版，第138页。
② 魏胜强：《西方法律思想史》，北京大学出版社2014年版，第44页。

家西塞罗认为，"法律是根植于自然的，指挥应然行为并禁止相反行为的最高理性，……这一理性，当它在人类意识中牢固确定并完全展开后就是法律"①，"法不是别的，就是正确的理性，它规定什么是善与恶，禁止邪恶"②；孟德斯鸠认为，法律是人类的理性，他指出，"一般来说，法律，在它支配着地球上所有人民的场合，就是人类的理性，每个国家的政治法规和民事法规应该只是把这种人类理性适用于个别的情况"③。

（2）对最高理性说的评析。

理性是与感性相对应的。前文已经分析过，理性与感性的不同点在于，二者在认识外界客观事物时所涉及的认识面的大小的差异，以及在认识事物的过程中是否掺入了认识者个人主观情感成分。就认识面来看，虽然理性认识所涉及的认识面要广于感性认识，但这只是相对来说的。两者所涉及的认识面都存在局限性，只不过程度不同罢了。由此可见，理性认识可能因其所涉及的对外界客观事物的认识面的局限性，而出现错误认识。这就是理论有真理与谬论之分的原因所在。

理性认识不是人类认识的最高阶段，对事物的"万变"与事物的"宗"之间的实质性联系的迅速而准确的感知和把握，也就是人对外界事物之间实质性联系的敏锐感觉，才是人类认识的最高阶段。用人的五官看问题，是不够明智的。通过有形的训练而产生的无形的迅速反应，通过大脑在正确思维方式指引下的思考训练而产生的无须借助于人的任何感官系统（那种无法用语言描述的，在五官觉察前，连同反应一起完成的感觉）而做出的瞬息反应，才是人类智慧的最高境界。将法律根植于自然，是人类智慧作用的结果，而不是最高理性作用的结果。

最高理性说将法律与自然联结起来，排除了人的主观臆想，这无疑是正确的，也是人类对法律的认识的重大进步。但这只解决了法律的本原问题，而没有解决"什么是法律"的法律概念性问题。正如在"主观一定要符合客观"这个结论中找不到何为主观、何为客观等主客观的概念性问题。即使人们接受了"法律是根植于自然的""法律是惩恶扬善的"等观点，但对于"什么样的法律能够胜任""如何制定出这样的法律"等问题，人们仍然得

---

① ［古罗马］西塞罗：《国家篇　法律篇》，沈叔平、苏力译，商务印书馆 1999 年版，第 180 页。

② ［古罗马］西塞罗：《论共和国　论法律》，王焕生译，中国政法大学出版社 1997 年版，第 220 页。

③ ［法］孟德斯鸠：《论法的精神（上册）》，张雁深译，商务印书馆 1961 年版，第 6 页。

不到答案。如果不了解"什么是法律"这一法律概念前提性问题，立法者将无法制定出能够胜任如此重任的法律产品。

3. 法律目标说

（1）法律目标说的主要内容。

法律目标说从法律所实现的社会目标的角度对法律加以阐明。例如，阿奎那认为，所谓法律，"不外乎是对于种种有关公共幸福的事项的合理的安排，由任何负有管理社会之责的人予以公布"①。美国法律社会学家罗斯科·庞德认为，法律是政权组织用来实现社会控制目的的，他指出，"法律就是一种制度，它是一种依照在司法和行政过程中的权威性的律令来实施的，具有高度专门形式的社会控制"②。美国新自然法学派代表人物富勒认为，法律的目标是实现某种事业，因此，他从法律事业的角度将法律定义为"使人的行为服从规则治理的事业"③。

（2）对法律目标说的评析。

法律目标说与正义说一样，混淆了法律的概念与法律目标价值。法律的概念解决的是法律到底是什么的问题，解决的是人们对法律这一事物样态的认识问题。人们只有了解和把握了法律这一事物的样态，才能创造出法律这一产品来。然后，人们才能谈得上法律这一产品好不好用，能不能实现法律的目标价值。

庞德的"法律就是一种制度""法律具有高度专门形式的社会控制"的判断无疑是正确的。但从庞德这样的正确判断中，我们无法十分确切地知晓法律的概念到底是什么，正如从"法律运行机制是一种社会控制"的判断中无法知晓法律运行机制的概念一样。同理，即便富勒对法律与事业关系的判断是正确的，人们从这样的判断中也无法清晰地知晓法律的概念。

4. 公意说

（1）公意说的主要内容。

公意说认为，法律是公共意志或共同意志的展示。例如，18世纪法国著名启蒙思想家卢梭曾指出："法是公意的宣告。"④

（2）对公意说的评析。

卢梭的公意说是从法律的意志层面来界定法律的概念的。我们姑且不论

---

①　［意］阿奎那：《阿奎那政治著作选》，马清槐译，商务印书馆2007年版，第49页。

②　［美］庞德：《通过法律的社会控制》，沈宗灵译，商务印书馆1984年版，第22页。

③　［美］富勒：《法律的道德性》，郑戈译，商务印书馆2005年版，第113页。

④　［法］卢梭：《社会契约论》，何兆武译，商务印书馆1982年版，第51页。

卢梭的"法是公意的宣告"的判断是否准确，即便是准确的，法律的意志也只是法律概念的一部分，而不是全部。除了法律的意志之外，"法律由谁来制定""法律靠什么加以实施"也是法律概念的重要组成部分。这两个问题不解决，就会混淆法律与行政法规的概念，就会混淆法律与地方性法规的概念。

5. 强力说或非国家说

（1）强力说或非国家说的主要内容。

强力说或非国家说为 20 世纪美国著名法律人类学家霍贝尔所提倡。他认为，所有的法律都有三个特性，即特殊的强力、官吏因素和规律性。其中"特殊的强力"就是法律的强制性，是构成法律的本质要求，因此，法律不限于国家的有无，原始社会也有法律。霍贝尔从强力角度将法律定义为，"这样的社会规范就是法律规范，即如果对它置之不理或违反，就会遭受来自社会公认的拥有特权的个人或组织所施加的物质强力或强力威胁"①。

（2）对强力说或非国家说的评析。

霍贝尔对法律概念的界定，过于宽泛。不是所有这样的社会规范都是法律规范，因为党规、企事业单位规章制度等社会规范，同样具有"如果对它置之不理或违反，就会遭受来自社会公认的拥有特权的个人或组织所施加的物质强力或强力威胁"的性质，但它们不属于法律范畴。

6. 命令说

（1）命令说的主要内容。

主张命令说的学者认为，法律就是国家或统治者的命令，是主权者的命令，抑或是立法者的命令。例如，帕多瓦的马西利乌斯从国家功能的角度将法律视为一种人为的命令，他指出，"通过对比，人类法则是一种公民团体或是绝大部分公民团体的律令"②，"法律是一种涉及人类行为违法或不足的强制性律令"③。近代法国著名资产阶级政治思想家让·博丹从国家主权角度解读了法律的概念，他指出，"法律就是主权者行使他的主权时产生的命令"④。18 世纪英国法学家、哲学家边沁在《道德与立法原理导论》一书中

---

① E. Adamson Hoebel. *The Law of Primitive Man.* Cambridge：Harvard University Press, 1954：28.

② ［意］帕多瓦的马西利乌斯：《和平的保卫者（小卷）》，殷冬水、曾水英、李安平译，吉林人民出版社 2011 年版，第 80 页。

③ ［意］帕多瓦的马西利乌斯：《和平的保卫者（小卷）》，殷冬水、曾水英、李安平译，吉林人民出版社 2011 年版，第 168 页。

④ ［法］Jean Bodin：*On Sovereignty：Four Chapters from the Six Books of the Commonwealth*，中国政法大学出版社 2003 年版（影印本），第 44 页。

指出，"立法者意志的表达是一个命令，或者是一个禁令，或者是一种否定"①；在《法律概要》一书中，边沁曾指出，"法律可以定义为由一个国家、主权认知或采用的意志宣告符号的集合"②。受边沁法律思想的影响，19世纪英国分析实证主义法学家奥斯丁指出，"人们所说的准确意义上的法或法则，都是一类命令"③。

（2）对命令说的评析。

"法律是一种命令"的判断，不符合人类社会所有的法律实践，包括人治社会中的法律实践。命令具有禁止和否定等性质，只产生义务，不产生权利。不能说"我命令你吃饭"是吃饭人的吃饭权利。权利是一种"想要"，而命令显然超出了权利人"想要"的范畴。从命令说给法律下的定义来看，国际法显然不是法律，因为国际社会是主权独立、主权平等的社会，不存在凌驾于国家之上的超国家国际组织和世界政府。难怪奥斯丁根据命令说得出了"国际法不是法律，只是一种道德体系"④的结论。这样的结论，显然与国际社会中的国际法律实践不符。

7. 权利说

（1）权利说的主要内容。

18世纪德国哲学家康德从权利角度给法律下定义："可以理解权利为全部条件，根据这些条件，任何人有意识的行为，按照一条普遍的自由法则，确实能够和其他人的有意识的行为相协调。"⑤

（2）对权利说的评析。

"天上不会掉馅饼"是众所周知的道理。权利需要义务加以支撑，否则就是空想。在人与人相互交往的社会中，人要用义务来交换权利。要想受人尊重，应先尊重他人，便是这一原理的事实写照。即便不涉及交往，静态的个人也是先有付出，然后才会有收获，否则，收获就只能是想想而已。从哲学上实然的角度来看，法律是国家实行社会控制的手段之一，实现的是国家统治和管理社会的国家意志。从社会控制学的角度来看，法律是国家想要其他所有法律主体做什么的要求。在国家与其他所有法律主体之间，国家是"想要"的一方，是权利方；其他所有法律主体是"被想要"的一方，是义

---

① ［英］边沁：《道德与立法原理导论》，时殷弘译，商务印书馆2002年版，第267页。

② ［英］边沁：《论一般法律》，毛国权译，上海三联书店2008年版，第1页。

③ ［英］奥斯丁：《法理学的范围》，刘星译，中国法制出版社2002年版，第17页。

④ 梁西：《国际法》，武汉大学出版社2011年版，第8页。

⑤ ［德］康德：《法的形而上学原理》，沈叔平译，商务印书馆1991年版，第40页。

务方。在法律中，国家的意志是权利，其他所有法律主体的意志是义务。这也是很多公法法律规范以法律主体义务为主要内容的根本原因所在。据此，与其说法律是权利规范，不如说法律是义务规范。但无论"法律是权利规范"，还是"法律是义务规范"，都不是对法律概念的界定。

8. 自由意志说

（1）自由意志说的主要内容。

德国哲学家黑格尔从自由角度将法律定义为自由意志的体现，他对法下了一个著名的定义："任何定在，只要是自由意志的定在，就叫作法。所以一般说来，法就是作为理念的自由。"①

（2）对自由意志说的评析。

关于自由意志说，我们首先要搞清楚的一个前提就是：什么是自由。黑格尔的法的定义中有一个抽象概念——理念的自由。从语言的第一大基本功能来看，黑格尔的著作中绝对理念所描述的对应的事物实然状态是模糊不清的。理念显然属于人的意志成分，而人的意志实则是人脑对外界事物信息的感知。"感知—反应"是宇宙万物的共通之处。② 这种"感知—反应"状态，是智慧的体现。智慧不是人类所特有的，"自然界智慧"是为人熟知的表述。无论黑格尔承认与否，理念是受人类智慧支配的，更受自然界智慧的支配。

自由是人类的行为价值取向之一，但绝不是人类胡乱地作为或不作为。关于如何获取自由意志，自然界有法则，事物有规律，人类社会有法律。只有在自然的法则、事物的规律、人类社会的法律之下，自由意志才有讨论的意义。可见，自由意志是结果，法律是实现自由意志的手段和途径之一，而不是自由意志的体现。再说，法律主体的意志只有在符合法律的意志时，其行为才是自由的。

9. 判决预测说

（1）判决预测说的主要内容。

美国实用主义法学家霍姆斯法官从司法判决角度解读了法律的概念，他认为，"对法院实际做什么的预测，而不是任何的夸夸其谈，就是我们所说的法律"③。

（2）对判决预测说的评析。

---

① ［德］黑格尔：《法哲学原理》，范扬、张企泰译，商务印书馆1961年版，第36页。

② 参见杜国胜《司法口才理论与实务（修订版）》，中国政法大学出版社2022年版，第18～19页。

③ Oliver Wendell Holmes, Jr. "The Path of Law", *Harvard Law Review*, 1897（8）：457–478.

人们之所以能够预测事物的发展，是因为人们掌握了事物发展变化的规律；人们之所以能够对人的行为进行预测，是因为人们掌握了人的关键之处或关键点，"缺德的人，是干不出什么好事的"就是这个道理。法院实际做什么，取决于实际办事人，而不是"法院"这种组织的形式。即便像霍姆斯法官说的那样，美国成文法也无法对美国法院的所有裁判行为和结果做出准确的预测，因为，美国法律要首先对每个具体案件事实做出准确预测，而不是"任何的夸夸其谈"，这是先决条件。美国是判例法国家，也就是说，美国上级法院的判决对其下级法院是有拘束力的，那也是下级法院需要遵守的法律。这就说明，判例法的产生是在法院做出判决之后，难道发生在之后的事物能够对发生在之前的事物进行预测吗？再说，法律是人为的规则，不一定能够准确反映事物的发展变化规律，因此，根据法律不一定能够做出准确预测。预测只是对法律的功能进行描述，而不是对法律的概念进行描述。

10．社会本身说

（1）社会本身说的主要内容。

奥地利法律社会学家埃利希把法律归结为社会本身，他指出，"法律的发展重心不在自身，即不在立法，不在法学，也不在司法判决，而在社会本身"[1]，"法律是一种安排……法律是一种组织。也就是说，法律是一种规则，它分配每个成员在共同体中的地位和义务"[2]。

（2）对社会本身说的评析。

社会本身说可能会使它自己陷入死循环。如果要问"社会本身"是什么样的概念，社会本身说可能回答，社会本身就是法律，法律就是社会本身。这样的死循环，既没有解释法律的概念，也没有解释社会本身的概念，它将两个不清楚的概念等同起来，无助于对事物的概念进行界定。"法律是一种组织"这一语言所描述的法律的实然状态是不存在的。地位是权利和义务的统一体，义务被包含在地位之中，是地位的重要组成部分，所以，不能将地位和义务并列起来。地位和义务的表述违背了分类学原理。

11．规则体系说

（1）规则体系说的主要内容。

奥地利纯粹法学派代表人物凯尔森从规范角度对法律做出了一个经典定

---

① Eugen Ehrlich. *Fundamental Principles of the Scociology of Law*. Cambridge：Harvard University Press，1936：Preface.

② Eugen Ehrlich. *Fundamental Principles of the Scociology of Law*. Cambridge：Harvard University Press，1936：23－24.

义，他指出，法律是"人的行为的一种秩序（order）"，"一种秩序是许多规则的一个体系（system）。法并不是像有时所说的一个规则，它是具有那种我们理解为体系的统一性的一系列规则。如果我们将注意力局限于个别的孤立的规则，那就不可能了解法的性质"①。

（2）对规则体系说的评析。

正如"习惯是一种规则，或者是一种规则体系"这句有关习惯的判断，不能解释习惯的概念一样，"法律是一种包含许多规则的体系"也无法解释法的概念或法律的概念。

综上所述，与其说西方学者的有关学说是对法律的概念性争论，不如说是对法律的实质性争论，这并不是像我国学者在《法理学》著作中将西方学者对法律的实质性争论归类于概念性争论那样。②

（二）中国学者关于法律概念的争论及评析

当代中国法学界对法律的概念性争论不够充分，其基本上沿袭了马克思关于法律的观点和学说，基本架构是一致的，只是在语言表述上略有差异。综观我国学者有关法律概念的理论学说，基本上可以把它们概括为国家意志说和国家机关创制说。

1. 国家意志说

（1）国家意志说的主要内容。

国家意志说从国家意志的角度出发，将法律视为国家意志的体现。例如，张军认为，"法是反映国家意志，是由国家立法机关制定或认可的，以'规定人们在相互关系中的权利义务'为内容的，由国家强制力保证实施的行为规范体系"③。王启富在其主编的《法理学》一书中将法律定义为"由一定社会的物质生活条件决定的国家意志，是由国家制定或认可的、由国家强制力保证实施的规范体系，其目的在于调整社会关系、维护社会正义、稳定社会秩序"④。张光杰认为，"法律是体现国家意志、具有普遍约束力，为国家强制力保证实施的社会规范，它通过规定权利（权力）与义务的方式来

---

① ［奥］凯尔森：《法与国家的一般理论》，沈宗灵译，中国大百科全书出版社1996年版，第3页。

② 参见房文翠《法理学》，厦门大学出版社2012年版，第14～15页。

③ 张军：《法理学》，中国民主法制出版社2014年版，第22页。

④ 王启富：《法理学》，中国政法大学出版社2013年版，第5页。

调整一定的社会关系，维护一定的社会秩序。从根本上讲，法律受制于社会物质生活条件"①。

（2）对国家意志说的评析。

国家意志说道出了法律意志的实然性，但没有道出法律意志的应然性。法律是国家实行社会控制的重要手段之一，是国家推行其意志的重要工具，当然要体现国家意志。但是，不是所有国家的国家意志，也不是国家意志中的所有成分，都是法律主体意志的反映，都是事物发展规律和自然规律的反映，毕竟，国家意志具有主观性。

与西方学者有关法律概念的学说相比，国家意志说回归到了对法律概念的解释上，这本身就是非常大的学术进步。然而，国家意志说只停留在法律这一事物的表象上，没有触及法律的实质。从国家意志说中有关法律的概念界定来看，我们无法区分良法和恶法。确实，美国利用其超强的实力，推翻了某些国家的合法政府，建立了亲美的傀儡政权，但其不正当性和非法性是显而易见的。

2. 国家机关创制说

（1）国家机关创制说的主要内容。

国家机关创制说有意或无意地避开了国家意志说中的国家意志成分，从法律创制角度入手，以权利和义务为骨架，辅之以国家强制力为后盾来构建法律的概念。例如，张文显认为："法是指国家专门机关创制的、以权利义务为调整机制并通过国家强制力保证的调整行为关系的规范，它是意志和规律的结合，是阶级统治和社会管理的手段，它应当通过利益调整从而实现社会正义。"② 葛洪义认为，法律"是由特定的国家机关以国家的名义创制的（法的国家创制性），它对人们的行为提出了权利和义务的要求，并设置了相应的法律后果（法的特殊规范性），它在其效力范围内，对所有的人和事普遍适用（法的普遍适用性），违反了某种法律规范，就会受到特定的国家强制（法的国家强制性）"③。

（2）对国家机关创制说的评析。

国家机关创制说避开了国家意志说中的国家意志成分。但该学说中的"法是国家专门机关创制的"没有揭示法的创制的实质，与立法机关的代议制性质不符。该学说的"法的强制性"与国家意志说中的"法是由国家强

---

① 张光杰：《法理学导论》，复旦大学出版社 2015 年版，第 14 页。
② 张文显：《法理学》，法律出版社 1997 年版，第 49 页。
③ 葛洪义：《法理学》，中国政法大学出版社 2012 年版，第 30 页。

制力保证实施"一样，都没有揭示法的强制性的实质性内涵。另外，张文显的"法是阶级统治和社会管理的手段"与"它应当通过利益调整从而实现社会正义"等观点，主要是对法的功能的描述，不完全属于法的概念。

二、概念的逻辑学层面的界定及评析

我们要把握对法律的概念的界定，首先要了解什么是概念、对事物进行概念性界定的目的，以及对事物概念性界定的方法等问题。

（一）有关概念界定的学说

概念是逻辑学中常见的名词。对该名词的界定，在逻辑学与法律逻辑学中略有不同。逻辑学通常把概念的内涵概括为事物的特有属性。例如，吴坚和傅殿英在他们合著的《实用逻辑学》一书中将概念界定为"通过反映对象的特有属性来反映对象的思维形态"[1]，姜全吉和迟维东在其主编的《逻辑学》一书中将概念界定为"反映思维对象及其特有属性的思维形态"[2]，蒯晓明在其《逻辑学》一书中将概念界定为"通过反映客观对象的特有属性来指称对象的思维形式"[3]。而法律逻辑学通常把概念的内涵概括为事物的特有属性或本质属性。例如，黄伟力在其所著的《法律逻辑学导论》一书中将概念界定为"反映思维对象的特有属性或本质属性的一种思维形式"[4]，陈金钊和熊明辉在其主编的《法律逻辑学》一书中将概念界定为"反映客观事物本质属性的思维形式"[5]，张斌峰和李永铭在其《法律逻辑学导论》一书中将概念界定为"反映思维对象本质属性（或特有属性）的思维形式"[6]，郝建设在其主编的《法律逻辑学》一书中将概念界定为"人对思维对象的本质或特有属性的反映"[7]，杨玉洁在其主编的《法律逻辑学》一书中直接将概念界定为"反映对象本质属性的思维形式"[8]。

---

① 吴坚、傅殿英：《实用逻辑学》，首都经济贸易大学出版社 2005 年版，第 20 页。
② 姜全吉、迟维东：《逻辑学》，高等教育出版社 2004 年版，第 16 页。
③ 蒯晓明：《逻辑学》，中国商业出版社 2004 年版，第 18 页。
④ 黄伟力：《法律逻辑学导论》，上海交通大学出版社 2011 年版，第 25 页。
⑤ 陈金钊、熊明辉：《法律逻辑学》，中国人民大学出版社 2012 年版，第 56 页。
⑥ 张斌峰、李永铭：《法律逻辑学导论》，武汉大学出版社 2010 年版，第 22 页。
⑦ 郝建设：《法律逻辑学》，中国民主法制出版社 2013 年版，第 17 页。
⑧ 杨玉洁：《法律逻辑学》，哈尔滨工程大学出版社 2003 年版，第 10 页。

（二）对有关概念界定学说的评析

1. 法律逻辑学混淆了特有属性和本质属性的概念

特有属性与本质属性是两种不同的概念，不能混淆。特有属性是指事物在与其他事物的比较过程中所体现出的独有的属性，不一定具有本质性特征。例如，一个人的独特长相是其特有属性，但不是其本质属性；花的独特颜色是花的特有属性，但不是花的本质属性；等等。而本质属性是指能够反映事物的实质性质或关键性的属性，不一定是特有的，如母爱是成为母亲的人或动物所共同拥有的本质属性。"本质"是哲学上的概念，而哲学是高度抽象的学科，因此，本质属性具有高度概括性和抽象性；特有属性则是事物所呈现出来的区别于其他事物的具体表象性特征，具有具体性。"我很丑，但我很温柔""他虽然性格孤僻，但本质不坏"等耳熟能详的话语就很好地说明了特有属性和本质属性的根本性差别。可见，法律逻辑学将事物的特有属性和事物的本质属性相提并论，混淆了特有属性和本质属性的概念性区别。

2. 对"本质"一词的概念认识不清

"本质"一词属于哲学名称，但该名词在哲学著作里找不到准确的定义，因此，哲学家对"什么是哲学""哲学的本质是什么"等问题的回答是模棱两可的。当今一位学者曾说："对于哲学家来说，最糟糕的，因而也是刁难哲学家的最好方法，恐怕就是提出'什么是哲学'这一问题。哲学家们从事着各不相关的种种活动，恐怕很多场合连哲学家本人也不大清楚同行们在做什么。"① 这可能是形式逻辑学家在对"概念"下定义时只提及特有属性而不提本质属性的原因所在吧。而法律逻辑学家在形式逻辑学家的基础上加上"或本质属性"，似乎有创新之意，但其实是弄巧成拙，实属不该。

虽然"本质"这一概念在哲学上没有被弄清楚，呈现模糊状态，但人们在社会实践中却经常使用"本质"一词，这种现象在逻辑学上难以解释得通。概念、判断和推理是逻辑学的三大基本元素，在概念不清的情况下，很难做出准确判断，推理也很难进行下去。例如，在"他是个好人"这个判断语句里，如果"好人"的概念不清，这样的判断便是不清晰的，很难令人信服。实质上，人们在社会实践中用到"本质"一词时，心中都有约定俗成的

① 高清海：《哲学的憧憬——〈形而上学〉的沉思》，吉林大学出版社1993年版，第88页。

所指。例如，"那个人本质上不坏"，人们在听到这句话时，心中都明白，此处的"本质"一词指的是这个人的心地。

从语言的第一大基本功能来看，"本质"这个词语描述的应当是个体事物多变状态下不变的东西，即事物的"宗"；或者是同种事物、同类事物、同一个集合体中事物共通的东西。其中，同种事物是该种类事物集合体中的表象性元素，本质是该集合体中不变的实质；同类事物及同一集合体中的事物也是同理。

本质的共通性，从马克思对"人的本质"方面的论述中可见一斑。马克思曾经指出，"人的本质不是单个人所固有的抽象物，在其现实性上，它是一切社会关系总和"①。这里的"总和"就是人的一切社会关系的集聚点，也就是共通点。

本质与实质、事物的"宗"、事物的关键，是同等意义上的概念，都是在描述事物本身、同种事物、同类事物或同一个集合体中事物共通的东西。可见，本质具有共通性和范围性，但不具有层次性。在不同的范围，事物的共通性是不同的，事物的本质所描述的状态不同，其所指就不同。但这些本质点是同时存在的，没有层次之分。例如，在自身的范围内，一个人的行为是多变的，其不变的是内心（当然，可教育者除外），正所谓"恶从心出"；在社会关系的范围内，一个人的社会行为种类繁多，处于变化状态，但其社会行为的动机是利己还是利他，一旦确定下来之后，基本很难改变（在教育缺失或教育失效的情况下）；在人这一生命体的范围内，所有人的共通之处是意志、行为以及良心；在动物的范围内，爱和情感是动物这一集合体中共通的东西，是这个集合体中所有动物的本质，当然也是人的本质；在生命体的范围内，生存和自保是包括人在内的所有生命体的本质；在自然界范围内，人的意志和行为被抽象为自然界共通的东西——"感知—反应"，而它的载体"存在"也是共通的，因此，"感知—反应"及"存在"是人在这个集合体中的本质。因为存在不同的范围，所以，人在不同范围里的本质虽然不同，却同时存在，没有层次之分。就像一棵树一样，树根、树干、树枝、树叶等同时存在，没有层次之分，层次感只不过是人的主观感觉罢了。

在社会实践中，人们谈到"本质"一词时，都有特定的语境，我们也只有根据这一语境，才能真正理解人们口中本质的含义。"本质"一词不能被乱用，所涉事物的范围不同，其指向也不同。所有事物的本质及所有本质的

①　中共中央马克思恩格斯列宁斯大林著作编译局：《马克思恩格斯选集（第一卷）》，人民出版社1972年版，第60页。

共通之处是不变的东西。人们找到事物在特定范围内不变的东西，就找到了该事物在特定范围内的本质。在社会实践中，人们使用"本质"一词有着特定的语言习惯，不能将特定范围内的事物的共通之处都称为本质，因为"本质"是哲学名称。实践工作者多半用事物的实质、关键之处、事物的"宗"、事物或事情的重心等用语来替代。这些都是哲学名称"本质"的来源和土壤。

3. 概念不等同于思维形式

无论是形式逻辑学还是法律逻辑学，都将事物的概念解释为某种思维形式，但这没有揭示出概念的本质或实质。何谓思维？思维是人的思维，属于人的意志成分，是主观的。根据"主客观一致"的哲学原理，人的主观思维一定要符合外界的客观事物样态，不能主观地任意而为。逻辑学家将概念等同于思维形式，那逻辑学家主张的逻辑思维又应作何解释呢？在概念、判断、推理这逻辑思维三要素中，概念只是逻辑思维的起点，而不是逻辑思维的本身。

事物的发展虽然呈现着不同的样态，但都有脉络可循。思维中的脉络应当与事物的发展中的脉络相一致，不能任意对事物发展的脉络进行改变。当然，只有在把握了事物在特定范围内的本质之后，人的思维才能在一定范围内事物的集合体中"自由飞翔"，而不会"迷路"。在把握了事物在特定范围内的本质之后，人的思维就完全可以超越逻辑思维三段论的定式，达到高度敏捷化的程度。况且，逻辑思维可能仅涉及对事物的现象认识，而没有涉及事物的本质或实质，例如，"所有的人都能直立行走，你是人，所以你能直立行走"。

思维形式应当是多样的，就像在事物的本质规制下事物的现象呈现多样化状态一样。在社会实践中，人们的思维也是呈现多样化状态的，逻辑思维只是其中的一种形式。当然，思维离不开概念对事物本质的揭示，但揭示事物本质的概念只是思维中维度的一个点（思维的起点），而不是维度中的联结。可见，事物的概念不是思维形式本身，而是思维的起点。

三、概念的正确界定

（一）概念的目的

1. 概念是认识事物的起点

我们为什么要对事物的概念进行界定？因为，主观和客观是哲学上的一对概念，"主观一定要符合客观"是哲学认识论原理。人们通过主观认识来了解外部世界中客观存在的事物，从而对客观事物做出正确的判断，以便正确地指引和控制自己的行为。概念是认识事物的起点。

每一个判断都含有概念，如果所涉事物的概念模糊不清，那任何一种判断便都存在问题，都是不可靠的。例如，要判断"有氧运动是一种对人体有益的运动"这句话的真伪，我们首先要弄清楚什么是"有氧运动"（即有氧运动的概念是什么），才能在众多运动形式中做出准确的区分，才懂得如何做有氧运动。

2. 概念是正确判断事物的前提和基础

概念不清，意味着概念没有清楚地描述事物，表现出模糊的状态，而基于这种模糊状态，我们很难做出准确的判断。判断，是具体与具体之间的联结，而不是抽象与具体之间的联结，更不是抽象与抽象之间的联结。关于"所有天鹅都是白色的"这个判断，我们首先要知道什么叫"所有天鹅"，是指一国境内所有天鹅，还是指地球上所有天鹅？如果"所有天鹅"这一概念不能得到具体化，人们就不能做出这样的判断。对于"张三很爱我"这个判断，从人的外在形态上来说，张三这个人是具体的；但如果对张三这个人的内心、朋友圈、过去的经历、性格等众多因素进行考量，在未弄清楚这些因素之前，张三就是抽象的人，从而可以得出"张三很爱我"这样的判断有可能（这里讲的是"有可能"）靠不住的结论。这就是在社会实践中，父母向子女询问其社交对象详细情况的根本原因所在。

3. 概念具有层次性

概念是人类发明的语词。从语言的第一大基本功能来看，概念是在描述事物的实然状态，而事物的实然状态呈现着多样化态势。同一个体事物，有着多变的表现形态，如同一个人有多种行为；同一种类的事物，有多样的形式，如"人"这一物种，有黄种人、白种人、黑种人等多种人种；同一类的事物，有多样化形态，如动物类、生物类、菌类等；同一集合体中的事物，不仅个体繁多，而且种类繁多，如自然界万物。虽然客观事物呈现出多样化形态，但总体上可以将多样化事物归结为两大部分，即现象与本质，或表象与实质，或"万变"与"宗"。据此，"概念"可以被分为两个层次：一是对事物表象中的基本形态进行描述，二是对事物的本质状态进行描述。至于事物的现象与本质之间的内在实质性联系，我们应当将其交给"判断"来描述。

（1）对事物表象中的基本形态进行描述。

当自然界和人类社会出现新的事物或现象时，人们可能自觉不自觉地就要问："这是什么？"例如，什么是革命？什么是科学？什么是法律？什么是商业文化？什么是蒸汽机？革命、科学、法律、商业文化等各自都有很多种不同的表现形式，但这个层次的事物的概念不是对它们的每一种表现形式进行界定，而是对事物表象中的基本形态进行界定，然后，根据事物的基本形态的概念来区分和判断事物的具体表现形式的归属。

当然，这种问话的形式也可能是在寻求一种判断的联结，但在做出正确判断之前，人们先要了解革命、科学、法律、商业文化等事物的概念，因为，概念不仅是认识事物的起点，也是对事物做出准确判断的前提和基础。

（2）对事物的本质状态进行描述。

人们对客观事物的认识是有进阶性的，也就是说，人们对事物的认知不能仅仅停留在事物的表象上，还要深入事物表象背后的深层次本质。前文已经分析过，事物的本质在事物不同的范围内，会呈现不同的具体样态。而这种不同的具体样态，就需要概念对其进行具体描述。例如，关于人的概念本质状态的描述，在不同的范围就有不同的描述。在动物层面，人是有情有爱的动物；在生命体层面，人是生存与自保的生命体；在哲学层面，人是一种客观存在。

"对事物的本质状态进行描述"并不是说，在从事物的本质角度对事物的概念进行界定时，必须对涉及本质性的语词所代表的事物进行具体状态描述，因为这样会使事物的概念变得很烦琐，在社会实践中，没有必要这样做。概念中涉及的本质性语词，大多都是人们熟悉的概念，从而没有必要在概念中再次展开。例如，"人是有情有爱的动物"中"有情有爱"的概念，人们都心知肚明，无须将对其的解释体现在对"人"这一概念的本质性描述当中。当然，由于所涉事物的范围不同，事物会呈现出不同的本质特征，呈现出不同层面上的本质。如果考虑事物的不同范围，以及本质性的语词所代表的事物的具体状态，那么，"对事物的本质状态进行描述"的概念界定就会比较复杂，可能需要专门写一本专著对其进行描述，而这也是理论研究所必需的。"对事物的本质状态进行描述"的概念层次的提出，目的是要求人们在社会实践中对客观事物的认识，不能停留在事物的现象层面，而要深入事物表象背后的本质层面。

4. 概念的目的层次性

与概念的层次性相对应，概念的目的自然具有层次性。概念是认识事物的起点，是判断和推理的前提和基础。认识事物，首先要认识事物的基本形态，如果连法律的基本形态都认识不清，那还谈什么对法律的变种进行认知呢？但是，对事物的基本形态的认识，不能代替对事物的本质的认识，因为事物的基本形态不等于事物的本质。例如，凳子有其基本形态，其各种具体不同的形态都是在基本形态的基础上改造而成的，但凳子的基本形态却不是凳子的本质或实质。从人制造凳子的初衷来看，凳子的本质或实质是具有供人们坐的功能的。另外，事物的基本形态在一定范围内是可以局部变化的，这跟不变的本质有实质性区别，不能混淆这两者的概念。

（1）对事物的基本形态的认识。

概念的起始目的是形成对事物的基本形态的认识，而不是对事物的表象性形态的认识。人们对事物的表象性形态的认识，并不是真正的对事物的认识，而是人通过其五官对事物的表象性样态的初始感知。当人们在社会实践中不断接触到事物的多样化形态时，就有了对该事物进行概念界定的冲动，对该事物的多样化形态进行归类，以便日后准确地识别该事物。例如，当人们接触到白马、黑马、斑马的奔跑速度等马的一系列表象性形态之后，脑海中便会逐渐形成马的基本形态的概念，并以此将马与骡子、驴、牛、羊等动物区分开来。这一概念性认识，为后来者对马的认识提供了认识马的起点，也为进一步认识马的本质提供了认识起点。

当人们对某一事物或现象感觉陌生或不了解时，通常会说"大脑里没有这个概念"。例如，某些土著人，因在生活中从未使用过货币，也从未见过货币，所以他们的大脑里是绝对没有货币的概念的（也就是货币的基本形态）。再比如，在"蜜罐"里长大的小孩，大脑里不会有"苦"的概念，自然也就不知道什么叫"苦"。

"对事物的基本形态的认识"的概念的形成目的，是区分事物。这一目的在人们日常生活实践中最为常见，如对有毒植物与无毒植物的区别、对毒蛇与无毒蛇类的区分、对假冒伪劣商品的识别等。对一般社会民众来说，形成这种层次的概念，就足以达到目的；而对于专业人士来说，只形成这种层次的概念，是远远不足以达到目的的，其需要深入"对事物本质认识"的概念的层次。例如，对法律的认识，非法律专业人士只要认识到"法律是国家制定的""有国家强制力作为后盾""违法犯罪要受到国家惩处"等法律的基本形态，便足矣。但法律专业人士对法律概念的认识若仅停留在这个层面，便难以与理论工作者及专业人士的称呼相匹配，其理论水平和专业水平便值得怀疑，而且也很难胜任其本职工作。

（2）对事物本质的认识。

"对事物的基本形态的认识"的概念形成的目的，是认识的初始目的，其需要进阶至"对事物本质的认识"的深层次概念目的。上文提及的理论工作者和专业领域的人士要将对事物的概念认识提升到"对事物本质的认识"的层面，并不是说非理论工作者及非专业人士就不用了解事物的本质层面上的概念。理论工作者和专业领域的人士要将其对事物本质层面认识的研究成果运用于社会，服务于社会。这种运用和服务的最终目的是使整个社会对事物的本质有比较清醒的认识，提高整个社会的认知水平和能力。例如，从规则层面来看，法律的本质是在特定的法律意志下引导或指引人们如何正确实施行为，以提高人们的行为效率。一旦社会大众认识到法律的这一层面并加以接受时，就不会把法律规则视为束缚自己手脚、限制自己自由的令人不快的东西，就会自觉守法。这必将对法律运行机制在社会实践中的有效运行起到非常重要的推动作用。

如上所述，事物的本质具有层面性，不同的层面，事物的本质是不同的。但是，这并不代表事物的本质具有多级性、层次性或价值位阶性，事物处于不同层面是客观存在的实然图景。就像地球，既存在于太阳系，也存在于银河系，同时还存在于宇宙空间。多级性、层次性、价值位阶性是人的主观价值区分的结果，含有人的主观成分，不符合客观实际中事物的本来样态。

事物所处的层面有面的大小之别。认识事物的深刻程度与认识事物所处的面的大小呈正比例关系，认识事物所处的面越大或越广，对事物的认识就越深刻，反之就越肤浅。例如，对人的意志成分的认识，如果局限于动物这个面，人们就会得出"人的意志活动复杂而高级"的结论；如果将其放在宇宙万物层面进行考量，人们就会发现，人的意志的本质是感觉，人的意志活动只不过是宇宙中万物都具有的感知与反应。人们再在这种本质的基础上认识人，就会认为其算不上什么高等动物，可能就是一种弱不禁风的生命体，仅此而已。

"对事物本质的认识"的概念目的，是提高人们对事物认知能力和认知水平，促使人类的智慧从一个阶梯走向另一个更高的阶梯，达到高瞻远瞩的层次。

（二）什么是真正意义上的概念

1. 概念的内涵

从逻辑学家对概念的界定中不难看出，逻辑学家将事物的特有属性视为概念的内涵。上文已经分析过，事物的特有属性实则为该事物所特有的表征，而事物所特有的表征（或特有属性）有很多种，事物的概念不可能也没有必要将事物所有特有的表征（或特有属性）都囊括在事物的概念内；同时，事物的特有表征（或特有属性）处于不断发展变化之中，把概念的内涵聚焦在事物的特有表征（或特有属性）上似乎是一件不可能完成的工作。如果要对事物的每一种特有表征（或特有属性）下一个定义，那么事物的概念便不仅种类繁多，还会出现无穷尽的状况。

基本形态和本质是事物概念中的两大主要内涵，但在具体事物的概念中有以下三种不同的组合形式：基本形态，本质，基本形态和本质。也就是说，有的概念里只有一种内涵，基本形态或本质；有的概念里有两种内涵，即基本形态和本质。

2. 概念的层面

概念的层面不是思维形态或思维方式，而是思维的起始点。如果连事物的概念都是模糊不清的，就谈不上思维形态或思维方式，更谈不上对事物的准确认识。从概念的目的来看，概念的意义主要在于认识事物，包括区分事物及提高人们对事物的认知水平和认知能力。离开认识事物层面，概念将失去其存在的意义和价值。

3. 概念的正确定义

基于上述分析，我们从语言的基本功能角度将概念界定为用来描述事物的基本形态，或描述事物的本质状态，或描述事物的基本形态和本质状态的语词，是认识事物的起点。该语词存在的目的是使人们认识客观事物及提高人们的认识水平和认知能力。

四、概念的界定方法

（一）逻辑学关于概念的界定方法及评析

1. 逻辑学关于概念的界定方法

关于概念的组成，逻辑学家提供了两种概念公式，分别是属种定义法[1]

---

[1]　参见万高隆《法律逻辑学》，厦门大学出版社 2013 年版，第 26 页。

和语词定义法①。

（1）属种定义法。

属种定义法的公式为：属种＝属＋种差。意思是，当对一个事物下定义时，应首先找到该事物所属的类别，然后，在该类事物中找出该事物与其他种类事物的差别，再将两者结合起来，最后形成该事物的概念。逻辑学家将事物所属的类别称为属概念，将被定义项称为种概念，于是就得出了下列公式：种概念＝属概念＋种差。例如，人是能够制造和使用生产工具的动物，商品是为了交换而生产的劳动产品，等等。其中，动物、劳动产品是属概念，"能够制造和使用生产工具""为了交换而生产"是与同属其他种概念的种差。

（2）语词定义法。

语词定义是明确语词表达什么概念的定义，有规定的语词定义和说明的语词定义两种。② 规定的语词定义是规定一个语词表述什么概念的定义，例如，《中华人民共和国刑法》（以下简称《刑法》）第九十三条对"国家工作人员"概念的规定，第九十四条对"司法工作人员"概念的规定；说明的语词定义是说明已有的语词表达什么概念的定义，如对希腊语中"乌托邦"概念的说明。

2．对逻辑学关于概念的界定方法的评析

（1）对属种定义法的评析。

属种定义法中的属概念实质上就是事物所处的层面，例如，将人的概念界定为"能够制造和使用生产工具的动物"时，动物就是人所属的层面。属种定义法中的种差有很多种，人和其他动物的种差除了"能够制造和使用生产工具"之外，还有拥有语言文字、能直立行走、没有体毛、具有创造性、具有欲望无穷性、具有强大的破坏性等。看到这里，人们也许会问，面对如此多的种差，我们在给人下定义时，为什么选择这个而不选择那个？为什么选择一项而不选择多项？其中选择的合理性依据是什么？

了解概念的目的是认识事物，而这一目的决定了概念对事物种差的选择。根据概念的认识目的及认识层次，概念对事物种差的首选项应当是事物的基本形态，以达到区别事物的首要任务。例如，人的基本形态包括：能够直立行走、有自己的语言文字、能够创造和使用工具。了解了这三种人的基本形态，就足以将人与其他动物区别开来。了解概念的目的不能仅仅停留在

---

① 参见李振江《法律逻辑学》，郑州大学出版社 2004 年版，第 24 ～ 25 页。

② 参见中国人民大学哲学系逻辑教研室《形式逻辑（修订本）》，中国人民大学出版社 1984 年版，第 41 ～ 42 页。

区分事物的认识初级阶段，还要向更高的认识位阶发展，将事物所处的层面不断展开，逐步深入地认识处于最大层面之中的事物本质，以便逐步提高人们的认识水平和认知能力。这是属种定义法难以胜任的。

（2）对语词定义法的评析。

从逻辑学家对语词定义法的论述来看，无论是规定的语词定义，还是说明的语词定义，其实质都是对事物的基本形态进行描述。两者的实质性区别在于，说明的语词定义对事物概念的基本形态的描述，严格限制在语词本身所包含的内容。例如，"乌托邦"中的"乌"所描述的是没有或不存在的状态，"托邦"描述的则是地方，将二者结合在一起，乌托邦的概念便可以被界定为"根本不存在的地方"。规定的语词定义对事物基本形态的描述掺入了人的目的性，即根据人对该事物概念使用的目的来固定事物的基本形态。例如，《刑法》第九十三条第一款对"国家工作人员"概念的描述——"本法所称国家工作人员，是指国家机关中从事公务的人员"是《刑法》固定"国家工作人员"基本形态的语句，而第二款"国有公司、企业、事业单位、人民团体中从事公务的人员和国家机关、国有公司、企业、事业单位委派到非国有公司、企业、事业单位、社会团体从事公务的人员，以及其他依照法律从事公务的人员"就是第一款中"国家工作人员"基本形态的变种。

（二）概念的组成

根据本书对概念的定义，概念由基本形态、本质和层面三个要素组成。在对事物的概念进行具体界定时，人们应当根据社会实践中人们认识事物的需要，对基本形态和本质两个要素进行排列组合。"层面"这一要素，在每个不同的组合中不可或缺，只是人们要根据认识事物的面的大小不同来选择不同的层面。

1. 基本形态＋层面

在社会生活实践中，人们对客观事物的认识，只需要达到区分事物的程度，无须深入事物本质层面。例如，对上衣与裤子的认识，对花瓣与绿叶的认识，对桌子与椅子的认识，对秧苗与青草的认识，对猪、牛、羊的认识，等等。认识事物只需停留在区分事物的层面，用"基本形态＋层面"的公式对事物的概念进行界定就够了。

2. 本质＋层面

在现实生活中，对有些事物的概念的认识无须涉及事物的基本形态，直接从事物的本质层面着手进行，就能同时实现对同一层面的事物进行种类区分及对事物的本质进行认识。此时，人们在对该事物下定义时，可以省略事物的基本形态，直接运用"本质＋层面"的公式对事物的概念进行界定。例如，一般来说，我们可以将家的概念大致界定为：充满温馨氛围的地方。这个概念界定省去了房子、家庭成员、具体地理位置等家的基本形态。人们使用这个家的概念可以直接清楚地解释"四海为家""有一种回到家的感觉""把这里当成自己的家"等日常生活中的用语。如果我们用家的基本形态对其下定义，就无法方便地解读生活中的这些用语。

3．基本形态＋本质＋层面

在社会实践中，有些事物会呈现出比较复杂的态势，如果对事物的概念的界定仅停留在事物的基本形态层面，便使人难以清楚地认识事物的本来面目。例如，人是非常复杂的动物或生命体，如果我们仅仅从人的基本形态来界定人的概念，就很难形成对人这一物种的根本性认识。在现实生活中，人们对那些丧尽天良的人，通常用"简直就不是人"或"就是个畜牲"来描述。在这种情况中，若我们用第一种事物概念的界定公式来界定人的概念，是无法对其进行清晰解释的。从动物层面来看，对人的概念的正确界定应当是能够直立行走、拥有自己的语言文字、能够创造和使用工具的有良知、有情感的动物。这样定义，既能把人与其他动物区分开来，又能对人的本质形成较为深刻的认识，能帮助人们在社会实践中更好地处理人际关系。

法学领域中专业术语的概念，不宜采用前两种对事物概念进行界定的公式。因为，那样不利于对实践中的法律现象形成深刻认识。法律纠纷和冲突涉及各个方面，从法律运行机制的内部构成要素及法律运行机制的外部环境来看，任何一项法律纠纷和法律冲突，都不是简单的案件。要想促使法律运行机制在社会实践中良性运行，人们就必须深刻细致地研究所有的法律现象，这就不仅涉及对法律现象基本形态的认识，还涉及对法律本质不同层面的认识。例如，《刑法》第十四条对故意犯罪的界定，完全限定在"明知自己的行为会发生危害社会的结果，并且希望或者放任这种结果发生，因而构成犯罪的，是故意犯罪"这一故意犯罪的基本形态上，没有对故意犯罪的本质逐层加以揭示。这一概念只限定在故意犯罪行为人的意志层面，没有考虑受害人意志层面，没有考虑社会意志层面，也没有考虑国家意志层面，更没有考虑国际社会意志层面。专业领域的复杂性决定了专业领域所涉事物的概念复杂性，不仅要达到区分事物的目的，还要不断提高人们的认识水平和认知能力。

综上所述，了解概念的目的是认识事物以及提高人们对事物的认识水平和认知能力。我们应该如何判断是否已经对事物形成了认识以及如何衡量认识水平和认知能力的高低？从语言的第一大基本功能来看，认识事物应当达到认清事物的实然状态，没有模糊不清的地方；从语言的第二大基本功能来看，认识事物除了要认识事物的实然状态，还要认识事物各个层面的本质，或实质，或关键之处，或事物的"宗"，这样才能把握事物的发展变化规律。无论怎样，事物的实然状态，事物的层面，事物的本质、实质、关键之处或事物的"宗"，都是客观存在的，存在于自然界之中，而不是存在于人脑的想象里。有鉴于此，上述有关概念界定的三种方法，都是为了帮助人们迅速找到事物的实然状态和事物的本质（或实质，或关键之处，或事物的"宗"）。因此，关键不是这三种方法的适用范围，而是人们头脑里有没有外界事物的清晰画面。头脑里具有需要认识的事物的清晰画面以及对事物发展起关键作用的本质，就已经能达到认识事物的目的，不是非要弄出个事物的概念来。况且，在社会实践中，不是所有事物都能够用概念性语言进行描述的。即便能够用概念性语言进行描述，描述出来的状况也可能显得复杂而烦琐，效果适得其反。此外，由于人类语言的描述功能是十分有限的，不是对所有事物都能够进行概念性界定，也就是说，不是所有事物都能够被定义的，人们心照不宣即可。如果硬要对语言难以描述的事物进行概念性界定，反而会弄巧成拙。例如，人们对宇宙、梦境、土、灰尘、穿衣、吃饭、睡觉等习以为常的事物完全没有必要进行这种界定。另外，有些事物，如人的某些感觉，也无法用人类的语言加以描述。对于这些事物，人们就不可能用人类的语言对其进行概念性界定。总之，目的不是对事物的概念进行界定，而是认识事物或者提高对事物的认识水平和认知能力，因此不能拘泥于概念界定的形式。

五、法律的概念

（一）法律的起源背后的实质性状态

按照学界通行的观点，迄今为止，人类社会经历了原始社会阶段、奴隶社会阶段、封建社会阶段、资本主义社会阶段和社会主义社会阶段。

当人类社会脱离了尊重、友爱、互助、和平的文明状态时，便进入了善与恶的斗争。有决定权的人，通常是解决纠纷的关键。于是，拥有一定地位和权势的少数人群便脱颖而出。他们为了将自己的意志在社会中推行，便借助于规则的手段和形式，并以权势作为后盾，对社会实施统治和管理。这便是法律的起源。

对法律起源的研究和探讨，只是为了探讨法律规则与其他人为规则的不同以及它们之间的效力位阶的问题。这并不影响法律规则与其他人为规则共通的实质性状态，即权力运作状态。

权力运作的状态，是对法律规则和其他人为规则运行状态的共同描述，区别只在于权力等级不同。随着社会财富和权力的集中，权力者要想在社会中推行自己的意志，对社会实行控制，就必然要制定对人的行为具有预见性和防范性的规则，制定有利于权力者意志实现的规则，便于统治和管理处于这种权力的管辖范围之内的人。然而，由于人为规则的主观性及滞后性，权力者难以完全通过这种人为规则达到推行自己的意志和对社会实行控制的目的。从中可以看出，人为规则只是权力者推行自己意志的工具和实行社会控制的手段，在社会中实现自己的意志和控制社会，才是权力者的目的。

研究和探讨法律的起源不是目的，因为，实现这种目的顶多是达到了人们对法律规则与其他人为规则的区分的认知层面。而对法律起源的背后状态的理解，才能将对法律的认识由基本形态提升到本质性认识。原因在于上述权力运作状态至今还存在，一直没有消失过。除了国家立法机关制定的法律以外，还有地方立法机关制定的地方性法规，以及各种组织机构利用组织权力制定的适用于组织成员的规章制度。这种状况直接影响到对法律概念的界定及对法律本质的探讨。

（二）法律的定义

1. 基本形态＋层面

从法律起源背后的实质状态来看，法律起源于权力者所制定的规则，因此，规则是认识法律现象的基本层面，即规则层面。在这个层面里，与法律规则类似的还有党纪、乡规民约、各种组织的规章制度、民风民俗、家规、族规、宗教规则等。根据"基本形态＋层面"的概念定义方式，我们可将法律概念定义为：由国家立法机关制定和认可的，体现国家意志的，以法律目的实现为要义，由国家强制力保证实施的意志和行为的规则。其中，"国家立法机关制定和认可""国家意志""法律目的""国家强制力"等，是"法律"这一事物的概念基本形态，行为规则则是法律概念所涉及的层面。

用"基本形态＋层面"的概念定义方式对法律概念进行界定，其好处是，为人们提供了区分法律与其他规则的方式。然而，法律涉及其效力范围内所有法律主体的意志和行为，涉及对法律主体意志内容的规范，与法律目的的实现息息相关。法律运行机制在社会实践中的运行效果，最终要看法律主体对法律规则内容的接受与认同，以使其自觉守法。法律领域绝不是理论工作者以及立法者、执法者、司法者和律师等法律实务工作者独享的领域。法律应当走进社会大众的内心深处，使他们不仅了解法律的基本形态，还对法律的本质有清晰的认识。所以，法律概念的这种定义方法，不完全符合社会实践，不能满足社会大众对法律认识的需要。

2. 本质＋层面

法律是正义，是最高理性，是社会控制手段之一，是公意的宣告，是强力措施，是命令，是权利，是自由意志的体现，是法院判决的预测，是社会本身，也是规则体系，等等。西方法学家对法律概念的定义形式，采用的是将法律与法律的实质直接进行联结的定义方式，似乎是要对法律的本质进行揭示。他们并没有采用"本质＋层面"的概念定义公式，也没有考虑到法律本质所涉及的层面，因而呈现出混乱的状态。

前文已经论述过，"本质＋层面"的概念定义方式仅适用于那些基本形态可以被弱化的事物概念的界定，对基本形态不可以被弱化的事物概念则不能用这种方式下定义。给法律概念下定义，不能弱化法律与其他规则之间的区别，也就是说，不能弱化法律概念的基本形态，否则，将无法通过法律的概念将法律与其他规则区分开来。西方学者对法律概念的定义就存在这方面缺陷。例如，法律是正义，其他规则也应当是正义的；法律是社会控制手段，国家政策也是社会控制手段；等等。

3. 基本形态＋本质＋层面

法律的本质是有层面的，不同的层面，法律的本质具有不同的样态。例如，在规则层面，法律的本质是一种意志和行为规范；在社会控制层面，法律的本质是一种社会控制手段；在国家意志层面，法律的本质是国家意志的体现，是国家立法机关制定的，由国家强制力保证实施；在社会意志层面，法律的本质是社会意志的体现，是社会制定的，由社会正义的力量保证实施；在法律主体意志层面，法律的本质是法律主体意志的体现，是法律主体间接制定的，由社会正义的力量保证实施；在自然意志层面，法律的本质是自然规律的体现，由自然规律保证实施。可见，这一层次的法律概念呈现多样化态势，只用一种固定的法律概念是难以描述上述所有情形的。

上文中提到的层面有两种描述形态，"基本形态＋本质＋层面"中的"层面"与规则层面、社会控制层面中的"层面"所描述的状态一样，是一种属概念，是将法律概念放在同属种类事物中进行分析，以区别其他种类的事物。例如，与其他规则相区分，与其他社会控制手段相区分。而国家意志层面、社会意志层面、法律主体意志层面及自然意志层面中的"层面"所描述的是法律这一事物本身的意志要素分支。

（1）规则层面的法律概念的界定。

所谓法律，是指由国家立法机关制定和认可的，体现国家意志的，以法律目的的实现为要义，由国家强制力保证实施的意志和行为规则。这一界定，与"基本形态＋层面"的法律概念相同，目的是将法律与其他规则区分开来。

（2）社会控制层面的法律概念的界定。

所谓法律，是指由国家立法机关制定和认可的，体现国家意志的，以法律目的的实现为要义，由国家强制力保证实施的社会控制手段。这一界定，目的是将法律与其他社会控制手段区分开来。

（3）国家意志层面的法律概念的界定。

所谓法律，是指由执行国家意志的立法机关制定和认可的，以法律目的的实现为要义，以国家强制力为后盾，在社会实践中推行国家意志的工具。

这一界定，揭示了国家意志层面上法律的本质。所有的意志，包括社会意志、法律主体意志、自然意志等，都被归结到国家意志上，如同一棵树，国家意志是树干，其他意志是分枝。在这一层面，国家意志是其他所有意志的共通之处，是本质，是关键，是"宗"。

（4）社会意志层面的法律概念的界定。

所谓法律，是指由代表社会的立法机关制定的，体现社会意志，以法律目的的实现为要义，以代表社会正义的国家强制措施保证实施的或由社会正义力量保证实施的，确保社会良性运转的重要手段。

这一界定，揭示了社会意志层面上法律的本质。所有的意志，包括国家意志、法律主体意志、自然意志等，都被归结到社会意志上。在这一层面，社会意志是其他所有意志的共通之处，是本质，是关键，是"宗"。

（5）法律主体意志层面的法律概念的界定。

所谓法律，是指由法律主体通过其代议制机构制定或直接参与制定的，体现法律主体意志的，以实现法律主体权利为目的的，由社会正义的力量保证实施的，有约束力的行为规范。

无论是国家意志，还是社会意志，最终都要转化为法律主体的意志，需要由法律主体认可和接受，然后，依据法律规划自己的行为。这样一来，法律就转化成法律主体的社会实践活动，法律运行机制中的社会实践自然也得到了有效运行。这一界定中，法律主体意志成了其他意志的发源地和中心，其他意志都被归结到法律主体意志上。

法律主体意志层面的法律概念，将国际法囊括在法律范畴之中；而在"基本形态＋层面"的法律概念、规则层面的法律概念和社会控制层面的法律概念中，国际法被排除在法律范畴之外，这为否定国际法法律性的学者提供了依据。这也难怪奥斯丁会得出"国际法不是法律，顶多是实在道德"的结论。

（6）自然意志层面的法律概念的界定。

所谓法律，是指由认识和把握自然规律的立法者制定的，体现自然界意志的，以实现自然目的为要义，由自然规律保证实施的自然法则的反应。

这一界定，揭示了自然意志层面上法律的本质。所有的意志，包括国家意志、社会意志、法律主体意志等，都被归结到自然意志上。在这一层面，自然意志是其他所有意志的共通之处，是本质，是关键，是"宗"。

（三）对法律的认识的位阶

1. 法律概念所基于的层面的比较分析

（1）法律概念所基于的层面的状态的描述及选择。

法律的基本形态是在区分其他规则之后形成的基本样态。在同属的所有规则中，意志和行为是流淌在规则之中的血液，必不可少。这也是它们成为同属的原因。因此，无论这个同属中各种种类规则的基本形态如何，意志和行为都是它们必要的组成部分，不能被舍弃。余下的基本形态组成要素才起到了种差的作用。基于此，意志、行为、国家、立法机关、国家强制措施等构成了法律的基本形态。

法律的基本形态就像一棵树，其中，规则是所有规则的共通之处或集结地，即树根；国家是树干；立法机关及国家强制措施构成了这棵树的树枝；而意志和行为是流淌在法律基本形态之中的树的养分，将所有其他规则连接成同属。在法律基本形态的构成要素中，除了意志要素之外，其他要素所涉及的层面都比较小，不利于对法律的本质形成终极认识。而意志的实质是对外界事物的信息的感知或感觉，是宇宙万物共通的东西，因此，意志所涉及的层面非常广。以意志作为法律概念所基于的层面，有利于不断提高对法律的认知水平，从而达到终极认识的程度。

（2）法律概念所基于的意志层面的大小状态的比较。

法律概念所基于的意志层面，依据其涉及的面，按从小到大顺序依次排列如下：国家意志、社会意志、法律主体意志、自然意志。其中，国家意志是最小的层面，自然意志是最大的层面。过去有法学学者认为，法律的意志成分里还含有立法者意志。这与法律实践不相符合。立法机关是代议制机构，代表国家或法律主体行使立法权力。在立法过程中，不能掺入立法者个人意志成分，虽然立法活动会受到立法者个人意志活动的影响，但这并不代表法律的意志成分里有立法者个人的意志。否则，立法者就有可能是在利用立法活动以权谋私。

社会意志层面所涉及的面，之所以较法律主体意志层面所涉及的面小，原因在于，社会意志来源于法律主体意志，是法律主体意志的提炼与升华。

在国家意志、社会意志、法律主体意志和自然意志当中，自然意志是自然规律的体现，具有稳定性；而国家意志、社会意志和法律主体意志，都是对自然意志有了认识之后形成的，而人对自然的认知能力会受到主客观条件的影响，呈现不足的特性，因此这些意志处于多变的状态，但最终，它们都要统一到自然意志的层面上。

2. 对法律的认知能力提高的进阶

对法律的概念进行界定，不是目的，而是手段。通过对法律的概念进行界定来提高人们对法律的认识水平和认知能力，才是目的。而认识水平和认知能力的高低，取决于人们在认识事物的时候，将事物放在何种大小的层面上。事物的层面所涉及的面越大，便越接近对事物本真的认识，越能达到高瞻远瞩的认识高度；反之，对事物的认识结果或结论，只能是片面的，是以想象代替事物的本真，因而难以揭示事物的发展变化规律，更难揭示自然规律。

（1）国家意志层面。

国家意志层面所涉及的认识面最小。如果将对法律的认识停留在国家意志层面，那么，将难以解释法律的很多现象。首先，法律在人类发展史上，经历了诸多阶段，如今已经产生了翻天覆地的变化。而这一变化，用国家意志层面是无法解读的。其次，法律在任何时代，都有"立、改、废"的运行状态，不能将其都解释为国家意志的变动。如果是那样的话，国家意志的变动规律又是怎样的呢？这从国家意志本身是无法找到准确答案的。再次，在国际政治形势比较复杂的时期，国家意志层面的说法，有可能会遭到国际社会上邪恶势力的曲解。最后，国家意志层面的说法如果没有被正确地理解，有时可能就不太利于法律在社会实践中的运行。

如果国家意志脱离社会意志，脱离法律主体意志，脱离自然意志，成为不切实际的主观性的东西，那么，体现国家意志的法律治理及法律运行，便与人治没有任何区别，只会成为法律下的人治。以这样的法律构建起来的法律运行机制，无疑会阻碍社会的良性发展，阻碍人与自然和谐共生状态的实现。可见，从国家意志层面看法律，存在很大的缺陷，我们很难将这个层次的法律认识水平和认知能力定位到很高的层级。

（2）社会意志层面。

社会意志层面所涉及的认识面较国家意志层面所涉及的认识面要大；在对法律这一事物的认识上，要比国家意志层面高一个位阶。法律的"立、改、废"的某些运行状态，在社会意志层面找到了合理的解释。基于社会的呼声，某些新法应声而出。某些法律条文的修改或废除，也是在社会的呼吁下开始实施的。因为，法律只有在服务社会时，才有法律正义可言，否则便会成为压榨社会的工具，成为被抛弃的对象。在历史上社会制度的更替中，旧社会制度里法律的命运就是这一状况的真实写照。

然而，社会意志层面的面，虽然比国家意志层面的面要广，但毕竟是相对而言的，因此，在这个层面上认识法律，仍然会存在很多缺陷。从社会意志的形成过程来看，社会意志应当来自最广大劳动人民群众的呼声。

（3）法律主体意志层面。

相较于国家意志层面所涉及的认识面和社会意志层面所涉及的认识面，法律主体意志层面所涉及的面更广、更大。"从群众中来，到群众中去"，这是中国共产党一贯倡导的"密切联系群众"的方针政策。"始终贯彻执行党的群众路线的方针政策"是中国共产党领导中国革命从胜利走向胜利的制胜法宝。

群众路线的方针政策，要求法律的意志要来源于社会实践，最大限度地考虑最广大法律主体的意志，考虑他们的社会需求。在这个基础上创制的法律和形成的法律运行机制，才能符合法律主体或社会大众的需要，才能有利于法律主体或社会大众的生产和生活；法律意志才能与法律主体意志契合，才能真正体现法律主体的想法、实现法律主体的权利，才能促使法律主体或社会大众自觉遵守法律，才能使法律运行机制在社会实践中得以良性运转。

然而，法律主体意志层面所涉及的面毕竟仍处于有限的状态，这使法律主体意志处于零散、多元化、利益化、角度自身化的样式。而且零散的法律主体意志对事物发展规律、自然规律的认识水平、认知能力存在不高、不足的缺陷，需要给予正确引导、教育和宣传，以形成统一的认识。正是因为这一点，法律主体有时容易被人利用，被不安好心的邪恶势力诱导、蒙蔽和欺骗。可见，帮助整个社会提高认识水平和加强认知能力，是理论工作者的重要使命和责任。只有提高、加强了整个社会的认识水平和认知能力，才能创制出更好的法律，构建出良好的法律运行机制，推动整个社会良性运转。

（4）自然意志层面。

一切源于自然，一切归于自然。人是自然的组成单元或元素，人的一切行为不能违背自然规律。因此，自然意志层面所涉及的面是终极广度的面。国家意志、社会意志和法律主体意志最终要根植于自然意志，根植于自然规律，不能违背自然意志和自然规律。国家意志、社会意志和法律主体意志中存在的问题和不足，也只能在自然意志和自然规律中才能找到其根源。国家意志、社会意志和法律主体意志因人的参与而具有了主观性，而自然意志和自然规律是客观存在的，不以人的意志为转移。

只有对自然意志和自然规律进行考量，人们才能认识到国家意志、社会意志和法律主体意志中存在的问题和不足，才能找到解决问题的办法，才能促使人们对法律的认识水平和认知能力走向更高的阶段，但这还不是最高阶段。人对法律的认识的最高阶段是迅速有效地感知自然意志和自然规律的存在，并迅速做出准确的反应。

六、法律运行的实质

法律是一种意志的体现，而人的行为是受人的意志的支配和控制的。法律首先作用于人的意志，然后，通过对人的意志的作用来影响人的行为。与其说法律是一种调整人的行为的规范，不如说法律是一种支配和控制人的意志的规范。权利是一种"想要"。在法律范围内，法律主体什么可以想，什么不可以想，都不是任意的，而是严格受到法律意志和法律目的的支配、控制和规范的。法律惩罚人的行为，而不惩罚人的思想，这是表象，其实质是法律通过惩罚人的行为来规范人的思想。当恶的思想存在于人的大脑里时，多数不具有社会危害性，法律一般不管，因为社会危害性没有发生，法律运行机制的实施没有受到实质性阻碍；若被付诸人的行动，造成了社会危害性，对法律运行机制的实施产生了实质性影响，法律就必须对此加以纠正。这里，法律意志的真实意图是让违法犯罪的行为人彻底打消违法犯罪的念头。可见，法律惩罚人的行为只是手段，支配、控制、规范人的意志或思想才是法律的真实目的。况且，法律对那种社会危害性较大的人的意志或思想的规制，也绝不手软。因此，法律运行的表象和实质，应当从法律运行机制各构成要素中人的意志层面进行分析。

（一）立法运行过程中的表象与实质

1. 立法运行过程中的表象

立法者在立法过程中，一般都会声称，他们不会加入任何个人主观意志，一切都从社会实践出发，并且会极力制定出社会实践需要的良法。但如果立法者存在缺乏个人素养、立法智慧不高、仁爱之心欠缺、得失思维残留、奉献精神不足、实践调查不够、品质不高等情况，那他们口中的"声称"就只是"声称"而已。

立法者在立法过程中，不应当有个人意志的存在，立法行为及整个立法过程应当受到国家意志、社会意志、法律主体意志、自然意志的支配、控制和规范。如果立法者在整个立法过程中加入了个人私心，那么，其声称的所立之法是国家意志、社会意志、法律主体意志和自然意志的体现，就是表象，就是虚在而不是实在。

立法运行过程中的表象，总是以这样或那样的形式出现在人们面前，被人们的五官感知到，而不需要通过认真思考。立法运行过程中表象背后的实质，则不是轻易能被人们的五官所感知到的，需要开动脑筋、运用智慧，才能得知立法者在立法运行过程中起到支配作用的实质性的意志成分。

2. 立法运行过程中的实质

立法者在行使立法权进行立法的过程中，务必要站在国家意志、社会意志、法律主体意志、自然意志的高度，始终考量国家利益、社会利益、法律主体利益及自然界利益，将自己的利益置之度外；务必要将国家意志、社会意志、法律主体意志和自然意志充分体现在法律条文之中，丝毫不能夹杂私人意志成分。这样，才能确保立法机制在法律运行机制中起到基础性作用，进而从立法机制层面促进法律运行机制良性循环。

立法运行的过程，实质上就是作为人的立法者的意志活动与外界客观事物相契合的过程。事物是客观存在的，不以人的意志为转移。因此，立法者的意志活动在整个立法运行过程中起到了支配作用和关键性作用，这便是立法运行过程中的实质。而这一实质中起关键性作用的是立法者个人的人格素养。

一个人的人格素养是使其成为自己而不是他人的区别性特征，其内涵极为丰富，小到一个人的性格、情绪、脾气、禀性，大到一个人的思想、德行、品质、责任感、能力与智慧，都有所涉及。立法者作为社会中的个人，其人格素养的内涵与一般社会民众没有什么两样，既有小的方面的内容，也有大的方面的内涵，但其作为国家立法机关工作人员，其大的方面的人格素养被直接展示在公众面前，影响着其对法律的认知，对工作的态度，对事业的追求，对国家、社会、法律主体、法律和自然的责任感，对社会和自然界的贡献。我们只有把握了立法者个人的良性状态，才能有效把握立法运行过程中的实质性成分。

（二）执法运行过程中的表象与实质

1. 执法运行过程中的表象

依法执法、执法为公、执法公正、执法为民、严格执法、徇私枉法、执法不公、钓鱼执法、越权执法、怠于执法、执法渎职、执法腐败、执法犯法等，都是执法者在执法运行过程中表露出来的、能够为人们所感知的表象，其中，既有好的表象，也有不好的表象，甚至还有违法犯罪的表象。

无论是好的表象，还是不好的表象，都是处在不断变化之中的。若受到不良因素的影响，则执法运行过程中好的执法表象，也会转变成不好的执法表象；若通过思想教育，使执法者思想境界提高，个人人格素养提升，认知水平提高，则原先在执法运行过程中不好的执法表象，也会向好的方面转变。这些好与不好、变与不变的背后都是执法者在起作用。可见，执法者个人是执法运行过程中的实质性成分。

2. 执法运行过程中的实质

执法运行过程中的表象在执法实践中，无论是好的方面，还是不好的方面，都可能在同一时间、同一空间存在，也可能在不同时间、不同空间存在，但它们都源于行使执法权力的执法者。执法者是整个执法运行过程中的关键或实质。

同样，执法者的个人人格素养又是执法者的实质和关键。执法者个人的思想、德行、品质、责任感、能力与智慧等人格素养，对执法运行过程起着实质性的影响。

（三）司法运行过程中的表象与实质

1. 司法运行过程中的表象

司法救济是当事人运用法律的手段保护自身合法权益的最后一道防线。然而，这一重要的最后一道防线表象众多，容易混淆。有些案件的判决，看起来公正，其实并非如此；有些案件的判决，看起来惩罚了违法犯罪者，但违反了罪责相应的司法裁判原则；有些案件的判决，看起来实现了司法公正和司法正义，但人民群众却感受不到；等等。这些都是司法运行过程中表露出来的现象。

此外，与司法公正、司法正义等司法运行过程中的良好表象并存的还有司法腐败、司法不公、枉法裁判、徇私舞弊、司法不作为、司法怠于作为等司法运行过程中的不良表现。这些表象在司法实践过程中的运行状态的好坏都取决于司法机关工作人员的人格素养的高低。

2. 司法运行过程中的实质

同立法运行过程中的实质与执法运行过程中的实质不同，司法运行过程中的实质，除了司法工作人员的个人人格素养之外，国家意志、地方政府意志、社会意志、国际社会意志、自然意志等也同时起着关键性作用。这五个方面的意志在司法运行过程中无处不在。

（1）国家意志层面。

从表面上看，国家意志在司法运行过程中不起明显作用，司法机关只是依据"以事实为依据，以法律为准绳"的原则，严格按照事实和法律进行裁判。但实质上，在法院依法对法律纠纷和冲突进行审理和裁判时，国家意志时刻都是审判人员考量的重要因素。国家意志在很多案件中之所以没有明显地体现出来，原因只有一个——审判人员的审判工作是符合国家意志的。无论法律体现的是社会意志，还是法律主体意志或自然意志，在当今复杂的国际国内形势下，国家意志都在起着决定性作用。因为，法律是国家实行社会控制的重要手段之一。

法学理论界通常只把目光停留在法律主体意志层面，对待违法犯罪行为人，只考虑当事人的主观过错，例如，刑法著作将犯罪分为故意犯罪和过失犯罪两种，将犯罪构成要件分为犯罪主体、犯罪主观方面、犯罪客体、犯罪客观方面四种。从中可以看出，这对"国家意志"有所忽略，与司法运行在刑事案件领域的实践是不相吻合的。很多犯罪理论无法解释当事人为何在无任何过错的情况下触犯刑律，有时也要承担刑事法律责任。这是因为行为人的行为结果已经严重影响到国家意志在社会中的推行，严重影响到法律运行机制在社会实践中的有效运行。另外，在不同时期，刑法对同样性质的犯罪的态度有可能差别很大。

犯罪行为引发刑事法律责任，需要意志和行为两个要素，这一点没有错，但如果将意志等同于行为人的犯意，等同于行为人的个人意志，那就犯了逻辑学中概念不周延的错误。除了当事人意志之外，还有意志中的关键性成分——国家意志。国家意志和法律目的意志是司法实践中需要时刻考量的重要因素。

（2）地方政府意志层面。

除了国家意志在司法运行过程中起到决定性作用外，地方政府意志在司法运行过程中，特别是在地方司法运行过程中所起的作用也不可小觑。地方司法机关的司法活动首先是符合法律，是地方政府对地方社会实行控制和管理的手段和工具。地方司法机关的司法活动，有时也会受到地方政府的影响，各地方经济社会发展的重点有所不同，各地方所面临的社会问题也不尽相同。因此，类似的案件在不同的地方社会中，其社会危害性可能有所不同。

当然，地方政府意志要合理合法，不能违背国家意志，也不能违背社会意志、法律主体意志和自然意志，要服从整个国家一体化的统治和管理，不能借地方需要之名，行独断专行之实。

（3）社会意志层面。

在司法运行过程中，人们对社会意志层面的考量不可小觑。司法是以服务于社会为目的和宗旨的。显然，社会意志是司法运行过程中始终发挥作用的中坚力量。实质上，刑事案件中社会危害性的重要考量指标，就是社会意志作用的结果。司法正义重在实现社会正义。"此人不杀不足以平民愤"是刑事法律所无法解读的，但这并不是对法治精神的违反。法治精神不完全是独立的精神，也是服务于国家的精神，服从于国家对社会实行控制和治理的精神，服务于社会的精神。

（4）国际社会意志层面。

在当前复杂的国际形势背景下，某些案件，特别是涉外案件，在司法运行过程中不得不考虑国际社会意志的成分，也不得不考虑国际政治的影响。国际社会意志包括国际法意志、国际政治意志及世界人民大众的意志。

（5）自然意志层面。

自然意志是自然规律的原动力，贯穿于世间万物发展变化的过程之中。

自然意志是国家意志、社会意志、法律主体意志、国际社会意志的归属和控制源。其他任何意志都不能与自然意志相背离。所有的意志最终都要服从自然意志。

（四）律师法律服务运行过程中的表象与实质

1. 律师法律服务运行过程中的表象

律师是社会法律工作者，为社会提供着各种各样的法律服务，以维护当事人的合法权益，宣传法律，监督法律实施，促使法律运行机制在社会实践中有效运行。

律师给社会大众的印象，既有好的方面，也有不那么好的方面。无论是好的表象，还是不那么好的表象，都来自律师这个角色，最终都要归结到律师这个人。因此，从事律师这个职业的人，其个人的人格素养自然是律师法律服务运行过程中的关键或实质。只要把握这个关键或实质，律师法律服务运行过程中的大多数问题都能迎刃而解。

2. 律师法律服务运行过程中的实质

思想、德行、品质、责任感、能力与智慧等律师个人的人格素养，是律师法律服务运行过程中的实质，决定了律师的思想境界、司法口才水平、提供法律服务的质量、办事能力和办事效率、对待法律服务的责任心、办案的智慧等。如果律师个人的人格素养不能得到很好的保证，那么，其在向社会提供法律服务的过程中的所有宣称都是虚在，都是值得怀疑的。

（五）守法运行过程中的表象与实质

1. 守法运行过程中的表象

守法运行过程中的表象，分为守法和违法两种现象。从法律规定来看，守法和违法的表象，分别表现为遵守法律规范现象和违反法律规定现象。也就是说，守法者的意志和法律意志是一致的，且守法者的行为受到了法律意志的控制和规定；违法者的意志则违背了法律意志，且违法者在其违法意志的控制下实施了违法行为。

在守法运行过程中的表象本身就很复杂，要对某一人的行为依据法律规范中相应的规定做出守法或违法的正确判断，不是一件轻而易举的事情。更何况，即便能够看清守法运行过程中的各种表象，若要厘清其背后的实质性成分，也是一件不容易的事情。其实，法律运行机制在社会实践运行过程中最复杂的部分就是守法机制的运行状况。这一部分也是国家实行社会控制和综合治理较软弱的部分，常常受到外部邪恶势力的攻击。从这个角度来看，外来的法治文化何尝不是一种文化殖民呢？何尝不是西方邪恶势力运用死板的法律规定对别国政府的社会治理实施控制？在任何国家、任何社会，法律都是国家用来控制和管理社会的重要手段之一，也是推行国家意志的重要工具之一，因此，不能因法律具有局限性便对国家治理社会的行为横加指责和进行干涉。在西方，法律意志让位于国家意志的事件时有发生，已达到见怪不怪的程度，但他们从来也没有否定过自己是法治国家。

2. 守法运行过程中的实质

守法运行过程中的实质，不同于前面所述的立法、执法、司法和律师法律服务运行过程中的实质。由于守法运行的复杂性，守法运行过程中的实质除了守法者个人人格素养之外，还有国家意志、社会意志和自然意志的作用。

（1）守法者个人人格素养。

思想、德行、品质、责任感、能力与智慧等守法者个人的人格素养，对守法运行过程起着至关重要的作用。然而，由于对守法行为和违法行为的区分和判断不是一件简单的事情，因此，具有良好个人人格素养的人，其行为不一定是守法行为，还要结合国家意志、社会意志和自然意志对其进行判断，才能最终做出准确的结论。当然，守法者个人良好的人格素养，是法律运行机制在社会实践中良好运行的重要标尺，也是重要的效果。即便这样的守法者的行为违反了法律的意志，那也是被动的，其社会危害性很小，守法行为才是他们的主动行为。而那些个人人格素养不良的守法者，即便其某一具体行为属于守法行为，也是暂时的、被动的。

（2）国家意志、社会意志和自然意志的作用。

在守法运行的过程中，对一个人的行为做出是否守法的判断，不仅要考量一个人的人格素养，考量一个人的意志成分，还要重点考量法律意志、国家意志、社会意志和自然意志。宪法是国家意志最重要的体现。除了国家意志在守法运行中发挥的作用之外，社会意志和自然意志在守法运行的社会实践中同样发挥了关键性作用。

第三章　责任下法律运行机制的目标导向

　　漫无目标的行动，是个体性的行为才会具有的特质，具有社会性的法律运行机制没有这样的特质，也不应该有这样的特质。目标在法律运行机制中具有导向性指引作用，对法律运行机制具有规定性作用。考察过往的人类社会实践，可知在法律运行机制的实施过程中，不同的意志主体有着不同的目标要求。作为法律运行机制主要掌控者的国家或政府意志主体，安全、发展、稳定是国家或政府通过法律运行机制所要实现的三大主要目标。为实现这三大主要目标，国家或政府除了运用法律手段之外，主要还采用军事、科技、政策、党规、道德（法律运行机制的外部环境）等手段。作为社会意志主体的社会，服务于社会、一心为民、为民谋福利等是社会要求法律运行机制中的社会实践所要实现的主要目标，这些目标是社会对法律运行机制进行正当性、合理性及合法性考量的标尺。人类社会法律运行机制的历史更替正是这些标尺运行和作用的结果。

　　责任下的法律运行机制的目标，是一种导向，在向目标前进的过程中，具有动态性、静态性、空间性和时间性等特质，切勿将人的主观目的性引入法律运行机制的目标当中。霸权强权、急功近利、好大喜功等具有主观目的性成分的行为，都将使法律运行机制的目标因违背事物的发展规律而功亏一篑。在法律运行机制的目标导向过程中，不仅法律运行机制各构成要素之间存在着相互联系、相互依存、相互制约、相互作用、协调运转的关系，而且，法律运行机制与法律运行机制外部环境之间也同样存在着这些关系。目标本身及目标导向不是未来的结果，而是实实在在的现实实践的过程。未来的好的结果，是由现实实践过程中每个这样的点的不间断延续形成的。况且，未来的结果也不是终点，而是向着未来持续运动的点。就如同，好的水果不是一日长成的，"好"的状态这个点是水果生长过程中的一个点，如果中间出现偏差，那么这种"好"的程度就要加上"质"的评定性。从这个角度来看，现在就是未来。只不过，现在是未来的星星之火，而未来是现在的燎原之势。

　　因此，未来的总体目标与现在的具体目标，没有实质性的质的差别，只有量和面的差别，这才是"由量变到质变"的真实含义，这才是"目标的导向性"的实质内涵。如果安全、发展和稳定是国家统治和治理社会的总体目标，那么立法机关就不能将某一具体的立法目标仅仅设定为有法可依，还应当使某一领域的立法活动以实现该领域的安全、发展和稳定为己任；执法机关就不能将其执法的某一案件的具体目标仅仅设定为"促使某一领域的法律得以有效实施"，还应当在该领域铲除影响安全、发展和稳定的隐患；司法机关在解决某一法律案件时，就不能将其具体目标仅仅设定为"公正地裁判某一案件"，还应当在公正地裁判案件的同时，消除案件背后不利于安全、发展和稳定的不良因素。否则，法律运行机制将无法胜任实现国家治理社会的安全、发展和稳定总体目标的任务。

一、国家意志层面上法律运行机制的目标

（一）安全

安全是一切单位个体存在的前提基础和基本保障。自然安全是确保人类安全的保障，人类安全是确保国家安全的保障，国家安全是确保其统治和管理的社会安全的保障，社会安全是确保个人、单位、集体等主体的安全的保障。安全价值决定着自由、民主、秩序等一系列价值的状态、前途和命运。

国家安全及社会安全是一个国家或政府对社会实行治理的首要目标。国家处于安全状态意味着国家处于独立自主、自我决定前途和命运的状态，处于能够及时应对和有效打击一切国内外恶势力侵蚀的状态，处于能够及时和迅速有效地防范或抵御自然或人为灾害的状态。法律运行机制在社会实践中运行，不能仅仅满足于法律的制定、法律的实施、司法裁判、律师的法律服务、法律的遵守，还应当以实现国家安全、社会安全、法律主体安全、当事人安全为己任。唯有这样，才能确保国家能够运用法律运行机制实现"安全"这一国家意志的重要内核。

（二）发展

世界万物时刻都处在不断运动和变化之中，运动是绝对的，静止是相对的。发展的实质是一种运动和变化的状态。当然，这种运动和变化的状态是一种良性的，是一种善与恶的较量过程。在这样的较量过程中，恶是被控制的对象，善是控制主体。在善对恶的控制过程中，成长、壮大是发展的重要表现形式。当然，发展也是单位个体在生存和自保的过程中应对外来各种风

险的重要手段。任何形式的发展，只有在控制恶、弘扬善的过程中，才能得到其正当性证成。

在国家层面，发展体现在思想、政治、经济、军事、科技、教育、文化等各个领域，贯穿于各行各业，是全方位的。在当今国家林立的世界中，不够强大的国家的生存不仅会受到自然灾害的威胁，也可能受到别国的思想、政治、经济、金融、军事、科技、文化等方面的威胁。在强大的威胁面前，唯有发展才能自保。以发展为目标，是法律运行机制义不容辞的责任。

（三）稳定

稳定带来秩序，秩序实现安全。一旦稳定遭受破坏，由法律法规等所有规则构建起来的秩序将荡然无存，在有序中实现的安全自然也名存实亡。混乱的状态无安全可言，更谈不上发展。

稳定，包括思想稳定、政治稳定、经济稳定、文化稳定、社会稳定等方面。在众多的稳定种类当中，思想稳定是最基础的。思想稳定和统一，决定着其他一切形式的稳定。纵观一切战争史，其实质就是思想斗争史。反观近现代以来，西方资本主义和帝国主义的入侵和压制，打头阵的就是资本主义思想的入侵，并伴随始终。思想上的不稳定会对经济稳定、文化稳定和社会稳定带来很大的风险。

稳定是面状的，指的是一种社会面，而不是点状的，不是社会中的某个点。法律运行机制中立法、执法、司法、律师法律服务、守法等，不应当只停留在社会中的某个点状的事物上，而是要透过这种点状，深入社会面，消除社会中不稳定的因素。这才是法律运行机制在社会实践中运行的主要责任内涵之一。

二、社会意志层面上法律运行机制的目标

（一）良法之治

人治和法治是人类社会两种主要的治理模式。通过长期的社会选择，人类社会最终选择的是通过法治手段来治理国家和社会。关于法治，古希腊哲学家亚里士多德有过经典的论述。他曾指出，法治是指"已成立的法律获得

普遍的服从，而大家所服从的法律又应该本身是制定得良好的法律"①。

良法与恶法相对应，正如善与恶相对应一样。良法之治即善法之治。那么，人们应如何界定"良"？简单来说，良就是好，对单位个体有好处。不同的单位个体对良的定义是不同的，对个人有好处是个人的良，对家庭有好处是家庭的良，对单位有好处是单位的良，对集体有好处是集体的良。自私自利者有自私自利者的良，大公无私者有大公无私者的良。良似乎始终处于相对状态，良的相对状态反映出了不同的阶级立场。

良的相对性决定了良的层次性，不同层次的良的优劣选择必须用"思想高度"这一标尺进行量度。利己应让位于利他，利他应让位于公平正义和客观事物的发展规律。

（二）保障人权

所谓人权，是指一个人作为人所享有或应当享有的基本权利。② 权利是一种"想要"，③ 是人的某种想法，是人的意识活动。基本权利就是人的生命所必需的维持、延续、发展的基础性因素，如衣、食、住、行、尊严等。在现实生活中，人除了基本需要之外，还有很多层次的需要，基本权利是人的众多权利中基础性的部分。

人权是作为人所享有的最基本的权利，是一个人仅仅因为是人就应当享有的权利。④ "一个人不可能失去这些权利而过一种'人的生活'。人权实际上是要求：把人作为人看待。"⑤ 可见，人权是人区别于其他生命体或非生命体的人类社会学标志。一个人的人权若得不到国家或政府的保障，那么，源于人权的其他权利将更加无从谈起。一个没有人权的人，无法奢谈其他任何权利，法律对他的权益的保护将形同虚设。

（三）保护私权

人权是一个人作为"人"存在的必不可少的基本权利，私权是在人权基

---

① ［古希腊］亚里士多德：《政治学》，吴寿彭译，商务印书馆 1965 年版，第 199 页。

② 参见王铁崖《国际法》，法律出版社 1995 年版，第 140 页。

③ 参见杜国胜《司法口才理论与实务（修订版）》，中国政法大学出版社 2022 年版，第 27 页。

④ 参见白桂梅《人权法学》，北京大学出版社 2011 年版，第 1 页。

⑤ ［美］杰克·唐纳利：《普遍人权的理论与实践》，王浦劬等译，中国社会科学出版社 2001 年版，第 9 页。

础上的延续和发展。没有人权就谈不上私权，而侵犯私权也终将危及人权。人权是树根，树根的存在是为了长出小树苗，继而长成大树，这也是树根存在的意义。

权利的实质是一种"想要"，其既包括积极方面，也包括消极方面（即"不想要"）。无论是积极方面还是消极方面，权利人的"想要"都必须具有客观性、合理性。权利的行使过程是一种合理性过程，这种过程是人对事物及其发展规律的认知过程，也是人的认识能力提高的过程。在这一过程中，一个人的想法可能存在不合理之处，但只要这种想法没有明显侵害到其他主体的意志、思想、行为和利益，就不应当以想法不合理为理由而否定权利人权利的存在。"想要"是权利问题，不合理是认识问题，认识能力需要不断实践、不断锤炼、不断提高。

保护私权，意味着保护权利人的想法，只要这种想法没有明显侵害到其他主体的意志、思想、行为和利益，便不以具有合理性为前提和要件。国家或政府在保护私权的过程中，一方面，要通过立法、执法、司法、行政、管理等手段为私权保驾护航；另一方面，要切实有效地避免和消除公权力对私权利的侵害，防止权力滥用。

（四）为民众服务

在人类社会中，由于人与人的交往实践会产生诸多需要，为了满足人们这种交往的需要，就产生了各种各样的人类社会特有的事物。国家或政府正是为了满足人类社会交往需要而形成的特有产物。社会对法律运行机制的合理期待，随着社会、经济的不断发展，其具体内容在不同时期或阶段呈现出不同的特点，如解决民众吃穿等基本生活保障问题、在基本生活保障基础上解决吃好穿好的问题等。但万变不离其宗，社会对法律运行机制的所有合理期待归根结底可被总结为一条：为民众服务。

为民众服务是一个动态的过程，而不是静止的状态。只要法律运行机制能够根据本国或本地方政府的实际情况，按照客观事物发展规律运行，时刻为民众着想，并且始终走在服务于民众的道路上，这一过程的存在便能确保法律运行机制符合"为民众服务"这一运行和发展的原则。

（五）社会和谐

"和为贵"是我国自古以来倡导的优秀传统文化。"和"为平和的状态。

就个人而言，"和"为心气之平，不消沉、不浮躁、不急促；就社会而言，"和"为人与人之间和睦相处。

乍一看，社会和谐的状态似乎是人类遥不可及的未来理想，在当下社会现实中很难充分实现。这种心理状态的存在，必然会导致法律工作者在心理上轻视甚至忽略法律运行方向和标准，表现为行动上得过且过，态度上差不多就行。这样的心理、行为和态度不可能使法律工作者在法律运行过程中获取智慧。

不可否认的是，社会和谐的状态在现实生活中的局部范围是存在的，而且不是个别现象。因为慈和爱在中国社会普遍存在，二者是中华传统文化的精髓。法律运行机制要做的是让星星之火变成燎原之势。人们心中有这样的信念，才会抛开自我私欲，用心地去做好自己的工作。在这样的过程中，法律工作者的智慧和能力才能不断提高，使社会和谐最大限度地在全社会范围内实现。

（六）彼此尊重

彼此尊重是社会和谐在社会关系中人与人的非合作状态下的表现。天下没有完全相同的两片树叶，每一个人都是独一无二的，每个人的思想境界、性格、生活方式、认识能力、表达能力及行为方式等都存在差异。社会和谐不是要消除这些差异，而是要彼此保有那份尊重。和而不同是社会和谐的典型特征，若对其有所背离，便会产生不和谐因素。

彼此尊重能有效促进人与人之间的友好关系，使彼此互敬互爱、坦诚相待。同一事物，不同的人对其认知程度不尽相同，因而做出的言行反应也千差万别，我们不能用一种价值观对此进行评判。这种差异的存在本身是客观的，人们应当像对待客观事物一样予以应有的尊重。如果需要提高他人的认识程度，也只能是在尊重的基础上，对他人给予教育和引导。若教育效果不理想，也应互相理解，毕竟，事物的发展变化是一种过程，只有在尊重这种过程的前提下，彼此的关系才能相对融洽，走向友好。

尊重是平等的实质和关键。平等的状态实质上是对其他主体意志状态的尊重，是对自然界万物的感知与反应的尊重。因此，不仅人与人之间需要互相尊重，人们还要尊重自然。

尊重具有无差别性，同时不具有选择性，不能因为对自己有利、有价值就予以尊重，对自己无利、无价值就不予尊重。那么，何为有利？何为有价值？这里涉及智慧判断。我们姑且不论判断者的智慧能否胜任这种判断，即便能够做出准确判断，尊重也不能以有利、有价值等功利标准为转移。不尊重是影响社会和谐的最不利的因素，也是最关键的因素。彼此尊重是不断实现社会和谐的前提和基础。

（七）积极协作

积极协作是社会和谐在社会关系中人与人的合作状态下的表现。一个人的能力和主客观条件都是有限的，要克服这种有限性缺陷，人与人之间就必须进行协作。通过彼此的协作，人们可以借助他人和社会等外界的力量更好地实现自身的目的。

积极协作是对处于合作关系中双方的合作心理和合作行为的基础性要求。积极不是简单的作为与不作为之间、行动与不行动之间的区别性结果，而是一种包含善意、用心、为对方着想、有责任感与责任心、努力作为等一系列有利于对方的因素在内的行动过程。实现了这样的过程，积极协作才能圆满完成，即便协作没有达到一方或各方的预期目标，友善和融洽的关系也依然存在。

态度消极、敷衍了事、蒙混忽悠等对对方不利的因素，是积极协作的大忌。这些不利因素的存在，有损人与人之间积极的协作关系，不仅不利于彼此友善关系的建立，影响到彼此的尊重，还会弥漫到社会中，影响社会和谐。

（八）协调行动

彼此尊重和积极协作不是一种简单的结果，而是过程中的一种状态。在处理事务的过程中，也许会出现有失尊重或不够积极的状态。这种状态的存在，显然不利于社会和谐的建设，需要人们对其进行及时有效的协调。

协调行动首先应当在当事者之间进行，通过交流、商谈、说服、教育、磨合等方式进行展开，因为，当事者是亲力亲为者，是践行者，对细节性问题深有感触。然而，当事者同时又是利害关系人，如果都从各自的利害关系考虑，那当事者对自身的行动进行自我协调的可能性及成功概率就要大打折扣。

三、自然意志层面上法律运行机制的目标

（一）维护自然生态环境

人是自然的重要组成部分，是自然界中的一分子。与组成自然生态环境的其他元素不同的是，人能够改造自然、改良自然生态环境，但同时又是破坏自然生态环境的危险因素。近现代以来，自然生态环境的恶化大多是由人类行为直接导致的结果，这是无可争辩的事实。当下，人类正面临着自然生态环境恶化的危机。

经济发展是国家意志的重要组成部分，是不断增强国家实力的重要途径和手段，是国家发展科技实力的强大的经济保障，是国家抵御各种外来风险（包括自然风险、政治风险、安全风险等）的强有力的经济支撑。然而，经济发展本身是中性的，社会主义国家需要经济发展，资本主义或帝国主义国家也需要经济发展；经济发展既可能为人类社会公平正义服务，也可能为邪恶势力服务；经济发展既可能提高人们的生活水平，也可能在满足人们多样化需求的同时降低人们的生活质量；经济发展既可能推动自然生态环境的良性发展，也可能破坏自然生态环境。要确保经济发展始终在人与自然共同支撑的良性轨道上运行，人们就必须将经济发展控制在符合自然规律、人与自然和谐共生这种思想高度之下，而不是仅仅满足经济规律的需要。

经济规律是自然规律这一全集里的一个子集，受自然规律的控制。经济规律能够给人类的经济带来飞速发展，但同时也能够在人类的操控下给自然带来破坏性的负面影响。自然生态环境是人类赖以生存的根基，是人类社会良性发展的前提和基础。一旦自然生态环境遭受到人为破坏，一个人的很多想法也将无法实现，私权又从何谈起？不但如此，自然生态环境的破坏有时还会直接导致人类的生存危机，这样的话社会何谈发展？个人何谈人权？

（二）人与自然和谐共生

人是自然界的产物，生于自然，归于自然。自然学科的研究表明，人体内的结构、组成部分、所含的物质及其运行，在自然界基本都能找到原型。从食物链角度来看，人是自然界食物链中的一个环节，但并不是食物链的顶端，而只是食物链闭环中的一个节点，人在食物链的这个节点上担任着自然

赋予的角色；从生态环境角度来看，人同样是自然生态环境闭环中的一个环节，同样担任着自然赋予的角色。在其他生物眼里，人或许是一种自然界创造出来的怪兽，然而，这不是自然界创造人类时的真实用意。其真实用意应该是用人这一物种来调节自然界其他物种，以便更好地实现自然界的平衡。平衡，则达平和、安全；失衡，则反之。这便是人与其他动植物的实质性区别所在。人，作为自然界的组成元素，在自然界这一全集中，与其他所有生命体和非生命体有着一些共同的规定性，同时也有着一些不同的规定性。

人与自然和谐共生要求人的行为应当被控制在自然界良性感知与反应的范围之内，而不能给自然界带来恶性感知并因此使其做出恶性反应，进而破坏自然界中万物间的平衡，破坏自然界的良性运行状态。据此，自然界赋予人的视觉、听觉、嗅觉、味觉、触觉等感觉，是有自然规定性的，不是任由人自己摆布的。倘若人的这几种感觉不能得到合理控制，便会导致人的欲望膨胀，那么，人类因此而做出的相应行为就会给自然界带来灾难性后果，目前人类居住的地球环境严重恶化就是明显的证明。为人类服务、为人与自然和谐共生服务应当是科学家所肩负的责任和使命。科学家的行为需要被纳入法律运行机制作用的对象性范畴，以便为人与自然和谐共生做出杰出的贡献。

第四章　思　想　高　度

思想高度决定人生高度。人生的意义和价值，不是一个人借助于社会地位、优势、权力来为自己谋取最大化利益，而是为国家服务，为社会服务，为人类良知服务，为人与自然和谐共生服务。人的价值观具有主观性，而主观会受到外界客观事物规律和自然规律的约束和控制，如果将人生的意义和价值局限在自己个人利益的狭小主观空间内，人生显然是不自由的、受束缚的人生。唯有将人的思想高度提高到与事物规律和自然规律意志保持一致，人生才能赢得高度、赢得自由。否则，若人的意志和行为始终被浸泡在主观性之中，法律工作者便难以理解和把握法律运行机制的目标导向，难以正确确定法律的目的，难以深刻理解法律运行机制所涉及的基本问题，难以进行法律工作者的自身建设，最终难以胜任自身所肩负的责任。

思想高度不仅应当为法律工作者所具备，也应当为包括守法者在内的所有社会大众所具备。因此，法律工作者应当时刻肩负起教育自己、教育他人、教育整个社会大众的责任，促进整个社会思想高度的提高，为法律运行机制在社会实践中良性运转营造良好的外部环境。

一、思想的属性

思想属于人的意志和行为两大组成部分中的意志部分。在社会实践中，人们对"思想"一词的理解和运用十分广泛，例如，将思想用作念头或想法，用作想念或怀念，用作动词思忖或考虑，用作思想意识，用作思维的条理脉络，用作"客观存在反映在人的意识中经过思维活动而产生的结果或形成的观点"，等等。无论人们对"思想"一词如何理解和运用，思想都属于人的意志范畴，具有主观性，是人对自身和外界主客观条件和外界信息的一种感知，是一种感知活动或结果。

"感知—反应"这种对应形式是宇宙万物的共通之处。作为自然界组成单元中生命的一种，人的意志实质上就是感知。其实，人出生之时，其对外界事物信息的感知，与其他生命并无不同。这个时期，人的大脑里的感知与其他生命体一样，就是本能的自保。随着时间的推移，婴儿逐渐成长。在其成长的过程中，通过耳濡目染及父母和其他大人的教诲，逐步感知人类世界，大脑里便有了初始的想法，这便是人类思想的萌芽。此时，人的感知逐渐脱离了起初生命体的本能，开始对人世间的恶进行思维，于是，人的感知便开始具有了自觉性、主动性、复杂性、主观性、幻想性、片面性、虚假性等人类自身所具有的独特性质，人的思想开始萌芽，并随着年龄的增长，走向成熟。作为感知或意志的组成部分，人的思想脱胎于其他生命体的感知或意志，但不同于人的一般的感知或意志，更不同于大自然中其他万物对外界信息的感知，而是一种经过一定程式和相当长时间过程的较为复杂的认知活动及其认知结果。在人类社会产生之初，尊重、友爱、互助、和平是人类的基本样态，无所谓善与恶，也就无所谓思想。思想是在人类社会中善与恶较量中形成的，具有认知性、行为弱化性、价值观念性、隐蔽性、历史的斗争性、主观臆想性、规律规定性等属性。

（一）思想的认知性

20 世纪美国著名的政治哲学家阿伦特在论及马克思思想史时，曾经指出，"马克思的古典底蕴是极其深厚的"，她还说道，"连接亚里士多德与马克思的思想史脉络，远比通常流行见解所理解的要深刻、紧密得多"①。可见，思想不是思想者或思想家对外界事物信息作用于人的大脑上的一种简单的感知，而是经过复杂的思维活动进行斟酌、研究、思考、探寻的结果，包括认知活动的过程和认知活动的结果。这是人思想活动的轨迹和思想发展的规律，没有复杂的认知活动，就不可能有思想。

思想的形成离不开人对其自身及外界事物的认知活动，但认知活动的存在并不当然引发思想的正确性。认知活动是人的一种脑力活动，取决于一个人的智力②水平。一个人的思维方式决定了其智力水平的高低，而其智力水平的高低决定了其对自身及外界事物认知水平的高低，其认知水平的高低又

---

① ［美］汉娜·阿伦特：《马克思主义与西方政治思想传统》，孙传钊译，江苏人民出版社 2012 年版，第 6 页。

② 对于智力的界定，学界有各种解释，但无论如何解读，智力是一种力，是一种脑力，是力的作用。智力的高低，可以用一个非常形象的比喻来进行描述，就好像对地表施加一个力，这种力作用的深度，决定着智力的高度。智力是人用来认识事物的工具，是透过事物的各种现象变化找到事物的"宗"或事物实质性部分的能力，这便是"智力"一词所描述的状态。智力这种力是对事物进行抽丝剥茧的力，是从事物的外部表象一层一层地刺穿到事物的关键之处的力。"看问题要看到问题的关键"，这便是智力在社会实践中的运用。——笔者注

决定了其思想正确与否及思想水平的高低。

思想的认知性源于其主观性，是人对外界事物感知的结果。目前，哲学界将人对外界事物的认识分为感性认识与理性认识两个阶段，认为理性认识高于感性认识，是认识的最高阶段。从问题的实质上来看，人对外界事物感知的面既是感性认识和理性认识的共同之处，也是它们的不同之处。在感性认识阶段，人对外界事物感知的面较小；在理性认识阶段，人对外界事物感知的面较大。看起来，理性认识由于对外界事物感知的面较大，甚至大很多，所以要比感性认识准确很多；而实际上，人对外界事物认识的正确与否并不取决于所涉事物的面的大小，而是取决于人对事物发展规律和事物的关键点的把握。例如，对资本主义社会的认识，如果从事物的面上来看，当今世界实行资本主义制度的国家要远远多于实行社会主义的国家，但不能因此把对社会主义的认识定性为感性认识，而把对资本主义的认识定性为理性认识，从而得出"资本主义比社会主义好"的错误的思想结论。对这两种制度进行比较的关键点不是要看实行哪种制度的国家更多，而是要看这两种制度到底分别是为谁服务。资本的趋利性决定了资本主义为资本家的利益服务，而社会主义服务的则是最广大的劳动人民。再说，古代思想家的一些思想为何至今都不过时？原因就在于这些思想家把握了事物的发展规律和事物的关键之处。

（二）思想的行为弱化性

人的思想不同于宇宙间其他万物对外界信息的感知那样呈"感知—反应"的简单对应形式，即无感知便无反应，有什么样的感知就相应有什么样的反应（例如，感受到外来侵害的威胁，便立即做出自我保护的反应；感受到外来力的作用，便立即做出相应的反应）。[①] 人的思想的形成，是对所感知到的外来信息进行一定程度的加工、选择、打磨等一系列程序之后形成的固化的认知。

思想一旦形成，就会被固化，此后对该思想领域的外界信息，不管其有

---

① 物理学中对作用力与反作用力的描述值得商榷，因为不是所有物体受力状况都是如此。用"感知—反应"的原理来看，作用力是施力物体给受力物体一个力的信息，而反作用力是受力物体在接收并感知到该力的信息存在时所做出的反应当中的一种样态，而不是受力物体反应的全部，例如，棉花受到人的拳击作用时，它的反应是凹陷。因此，作用力是一种引起感知的信息，而反作用力是一种感知后的反应。——笔者注

何变化或与此前有何不同，思想主体便不再如同思想形成之前那样细致地感知，一概用此思想作为标尺，对所感知的信息进行标签，进行价值评判和取舍。

思想的行为弱化性的特性，一方面体现为，思想一旦形成，就固化在思想主体大脑之中，其所有行为都被弱化为思想，即便行为不存在，思想仍存在；另一方面体现为，思想主体在看别人的言行时，不再关注行为人具体的行为细节，而是着重于行为人的思想对错。第一个方面的体现显示出先进思想教育的重要地位和实现的难度；第二个方面的体现显示出先进思想能有效控制和抵挡错误的行为，而落后的错误思想则会阻挡和扼杀正确的行为。

思想的行为弱化性说明了在法律运行机制的各构成要素中，主体对思想的良性控制远比对行为的控制重要。

（三）思想的价值观念性

社会主义社会与资本主义社会的实质性区别就在于，社会主义社会消灭了资本主义社会中人剥削人、人压迫人的现象，人民当家做主，成了国家的主人。

"唯利是图"是资本的本性，也是资本思想的价值观。在资本思想中，只要资本能够带来利益，就是好的，就是有价值的，就可以不择手段地加以追求和操作，至于对其他主体的人格、国格、尊严、安全、生命、健康等造成的危害则统统置于脑后。这就是资本思想的价值观念性，也是资本的本性。事物的规律不是资本的逻辑，赚钱才是资本的逻辑。

思想中有价值观的烙印，有什么样的价值观，就有什么样的思想。利他思想造就出为他人着想的先进思想，唯利是图则造就出损人利己的不良思想。对思想进行价值观的评判，是衡量思想好坏、先进与否的试金石。

（四）思想的隐蔽性

思想的认知性决定了思想的先进与落后之分，思想的价值观念性决定了思想的善与恶之分，思想的行为弱化性决定了思想的隐蔽性。先进的思想和体现先进价值观念的思想，从来都不需要伪装，但可能会遭到诋毁、覆盖和侵蚀；而落后的思想和带有恶性的价值观念催生出的思想，从来都不会承认其落后或具有恶性的本性，特别是"带有恶性的价值观念催生出的思想"，总是想方设法将自己伪装起来，不择手段地进行包装，欺骗公众，具有很强的迷惑性。虽然社会大众的认知水平不一定很高，但对于暴露在公众视野中的善与恶，心中还是能够判断的。

思想的隐蔽性有时正是利用了社会公众认知水平不高这一点，再加上对各种势力的运用，才能大行其道、以假乱真的。

对人的真实想法或真正动机的了解和把握，有两种途径：一是通过其本人真实的意思表示向外界表露出来；二是通过其本人一系列外在行为，用相关常理作为标尺，对其真实想法或真正动机进行推理后得知。由于具有不良思想的人的言行具有欺骗性，加上社会公众认知水平具有局限性，因此，人们对隐蔽性思想进行辨识的难度会很高。

对具有隐蔽性的不良思想进行及时有效的揭露，是法律运行机制各构成要素中主体的责任和神圣使命，不可对此掉以轻心。虽然利益是一切纠纷和冲突产生的较深层次的原因，但思想斗争才是一切纠纷和冲突产生的根源，是最深层次的原因。人类的发展史，实质上就是一部思想斗争史。

（五）思想的历史斗争性

英国历史学家柯林武德曾说："一切历史都是思想史。"[1] 这句话应当被准确地表述为：一切人类历史，都是思想斗争史。起初，自然界没有人类这一物种，在人类这一自然界的新物种诞生之初，由于人的能力有限，敌不过自然界的老虎、狮子、豺狼、毒蛇等凶猛的野兽。这个时期的人，与其他生命体没有什么不同，其对外界信息的感知与反应，是在本能地维持生命和自我保护，而且这个时期的人类生活在狭小的血缘关系范围内，尊重、友爱、互助、和平的人际关系是这个时期人与人的关系的基本状态。这个阶段的思想斗争，主要表现为人与其他动物的争斗。随着人类陌生群落的出现，人类又增加了来自同类的风险，彼此相互提防、相互争斗的事件随之发生。原来血缘关系群落里人与人之间单纯善良的关系在人类社会中一去不复返，人类开始进入相互争斗的恶性循环中，相互伤害的风险越来越大。人们为了应对风险以求自保，开始创造与发展生产工具和生产力。而财富是增强安全感的最好手段，于是，财富越来越集中，并逐渐被控制在具有强大势力的少数人手中，这使绝大多数人失去了财富，甚至失去了维持基本生存的必要物资。为了维持这种局面，让具有权势者稳定地聚集财富而高枕无忧，君权神授、

---

① ［英］柯林武德：《历史的观念》，何兆武、张文杰译，商务印书馆 2017 年版，第 304 页。

听天由命等统治思想便横空出世。

人类从远古时代到 21 世纪，走过了几千年的发展历程，人类社会每一个朝代的更替、每一种制度的诞生，无不包含着思想上的较量。资产阶级为了反封建，推翻封建社会，建立资本主义社会，就打出"民主、自由、平等"的旗号；而社会主义推翻资本主义制度，就是反资本剥削、反资本压榨、人人平等、为广大民众服务的思想上的胜利。

（六）思想的主观臆想性

如上文所述，思想原本是不存在的。人这一生命体的存在，与其他生命体是一样的。生存和自保决定着一切生命体存在的轨迹，从生命的种子反应开始，到生命出现于自然，再到生命的消亡，整个过程都是围绕生存和自保这两个因素在运行着。生存和自保既是生命体的本能，也是生命体存在和运行的过程。其中，生存是生命体的第一要义，自保为生存而存在，为生存服务。自保的能力和运行状态，决定着生命体生存的样态。自保是本能，而不是人类意义上的自私。人类意义上的自私来源于人类主观臆想性和人类主动性恶，而这些主观臆想性和主动性恶直接导致了人类各种不良思想的产生。

"生活过得比别人好"是人这一生命体特有的概念。在自然界中，大树没有比小草过得好的概念，玫瑰没有比其他品种的花朵过得好的概念，动物之间也没有谁比谁过得好的概念，等等。但值得注意的是，首先，人与人之间不具有可比性，因为，不同的人有不同的状态，有不同的过程，有不同的对外界信息的感知，有不同的故事。其次，什么才叫"好"？自然界所有生命体的统一标准是活着就好，而不是物质财富越多越好，因为"物质财富多"和"好"是两种完全不同的概念，两者之间没有必然的联系。超过维持人的生命所必需的物质财富的积累，不但不是一件好事，而且还会因财富的集中使其难以发挥应有的作用而成为一种罪恶。

"生活过得比别人好"是一种主观臆想的思想。生怕过得不比别人好时，会受到别人的歧视，受到别人的欺负，得不到别人的尊重，心理受到打击，这些都是臆想中的伤害。基于这种臆想伤害，人就构建出一系列臆想性保护，于是乎，包括"生活过得比别人好"在内的一系列主观臆想性思想就产生了。

生存和自保是人这一生命体之外其他所有生命体初始并贯穿始终的样态，而人这一生命体，这种样态只在其生命体出娘胎之后的一段初始时期存在。随着年龄的增长，人的大脑就不断作祟，臆想出周围危及其生存的种种风险，于是，主观臆想便是恶的起源①，接着便是先发制人的打击，以求自保。这样，臆想中的恶和实际存在的恶交相呼应，以至于人们分不清哪个是臆想中的恶，哪个是实际存在的恶。恶起源于人的主观臆想，但根源于人的认知能力低下和不足。这直接决定了思想的主观臆想性。

（七）思想的规律规定性

臆想中的恶催生了社会现实中的恶，并由此陷入恶性循环，最终导致恶这种怪物扎根于人类社会。恶这种怪物要大行其道于人类社会，就必须找到支撑，于是，为恶进行辩护的恶性思想便应运而生。由于恶行具有危害性，为了有效控制恶，于是就诞生出善及善行，同时，支撑善及善行的善性思想便随之产生。

善与恶之争，实质上就是合乎规律与违背规律之争，人类的善是符合事物发展规律及自然规律的，而人类的恶则是违背事物发展规律及自然规律的。恶有恶报的实质就是恶行最终必将受到人类的善、事物发展规律及自然规律的控制。基于人类善恶而产生的思想，最终同样要受到事物发展规律及自然规律的控制，具有规律规定性。

恶性思想之所以是违背事物发展规律及自然规律的，一方面，这种思想衍生于主观臆想的恶，催生了恶性思想，其主观臆想的内容完全是人的大脑中主观性的东西，当然不具有合乎规律性；另一方面，这种恶性思想具有破坏性，会侵蚀、损害及危及其他生命体和非生命体的存在，破坏生命体存在和运行规律，破坏自然规律。善性的思想存在，是为了有效控制和消灭恶性思想，使其回到遵循事物发展规律和自然规律的轨道上来。善与恶的中和，促使人这一生命体回归到一种良好的自然状态。没有恶便无所谓善。事物相生相克，最终趋向于恢复自然界的平衡，达到尊重、友爱、互助、和平的状态。

---

① 恶起源于人的主观臆想性，人在生命之初，与其他生命体一样，生存和自保是生命的两大基准点和关键之处，是纯色的，既然没有所谓的恶，当然也就没有与之相克的善。有鉴于此，人之初，无所谓性本善，还是性本恶。鉴于恶存在主观臆想性，不是人的本能，因此，中国传统文化提出"人之初，性本善"，目的是提醒人们不要忘记初始状态的善的自己，不要变坏、变质。这种提法对人类社会中的恶更有控制价值，更利于实现人与自然的平衡。——笔者注

二、思想的层次性

我们以数学学科上数轴作为类比，零轴代表善恶中和，表明自然界万物处于最佳的平衡状态，也是生命体原本的模样；负轴上的点代表恶；正轴上的点则代表善。恶的绝对值越大，说明恶人越强大；相应地，善的绝对值越大，说明善人越强大。强大的人拥抱恶性思想，其社会危害性是相当巨大的，这也是有组织犯罪比个人犯罪社会危害性大的根本原因。自然界万物间存有相生相克的关系，因此，正轴上的点与负轴上的点是一一对应的，正负轴的最终走向是零轴，即生命体原本存在的模样。

（一）恶性思想

数轴中零轴左边所有恶的值，无论绝对值大小，都是恶性思想，处于思想层次中的最底层。中国优秀传统文化思想告诉人们，"勿以恶小而为之"，若为之，虽然看起来属小恶，但其一旦产生，便可能进入恶性循环，最终成为大恶，酿成大祸。

人之初，同自然界其他生命体一样，生存和自保贯穿于生命体从开始到终结的整个过程。自保是为了生命体的生存，而"感知—反应"是宇宙万物共通之处，当然也是自然界所有生命体的共通之处。从这一共通之处来看，当生命体感知到外来威胁时，就会立即做出自保反应，以维系生命体的生存。与其他生命体不同的是，人这一生命体，在成长到一定年龄阶段时，对外界威胁的感知来自两个方面，一个是臆想性威胁，另一个则是真实性威胁。由于其他生命体对外界信息的感知通常是被动的，即当外界实实在在存在的信息作用于其感官时，才会产生感知，否则，便不会产生感知。而当人成长到一定阶段时，真实性感知与大脑臆想性感知同时存在、交相呼应，即便是真实性感知，也可能被虚幻化、主观扩大化。人类臆想性的恶，不仅及于同类，也及于其他生命体和非生命体。在人类存在之初求生存的过程中，当最初遭受到外界侵害时，大脑便对这种侵害进行主观臆想性加工，将对其自身可能具有伤害性的事物的信息表征记忆下来，此后，便以此为标尺进行预判，若认为有害，便提前做出自保行为。而事实是，受到这种所谓自保行为攻击的对象，有可能本来无伤害的恶意，这时，对受到攻击的无伤害恶意的对象来说，这种所谓的自保行为就是恶。如果受攻击的对象是人，恶性循环就会随之开启。从此之后，臆想性的恶和实实在在的恶便共存于人类社会，并相互影响、相互作用，两者处于恶性循环状态。

臆想性的恶，源于人类的大脑对外界事物认知能力的不足，所认识到的内容与客观存在的事实不符。就人体自身来讲，包括脑细胞和脑神经在内，生存和自保仍然是人体的两大根本性任务。人体对外界信息依然处于实实在在的"感知—反应"的状态，并未因人的大脑对外界事物的主观臆想性而有过实质性改变，当然，心理性疾病除外。包括人的大脑在内的人体与意识状态中的人脑，是完全不同的两个世界。人体遵循着自然规律，若对外界信息有真实感知便做出相应反应，若无真切感知便无反应。而意识状态中的人脑则完全不同，若对外界信息有真实感知，便可能做出夸大的反应；若无真实存在的信息作用于人脑，也可能会进行主观臆想，产生虚假的感知，并做出相应的反应。"无中生有"就是最好的例证。

主观臆想性是恶的起源。当人基于臆想性的恶对他人进行所谓自保性出击时，受击对象感知到了实实在在的威胁，于是做出自保性回击。这种回击对处于臆想状态的出击人来说，恰恰证实了他的臆想是正确的。于是乎，恶便开始恶性循环。据此，从生存和自保的角度来看，侵害到其他生命体或侵害到那些影响自然界平衡的部分非生命体的生存状态，就是恶；让其他生命体或那些使自然界平衡受到影响的部分非生命体感知到外界对其生存状态的威胁，并因此做出自保反应的，便是善。处于生存和自保这种本能状态，不但不能算是恶，反而是对恶的控制。而具有恶的思想，便是恶性思想。

人类的恶性思想很多，小到自私自利，大到对人类犯罪、对自然犯罪，不胜枚举。本书从法律运行机制对社会作用的角度，着重分析霸权强权思想、违法犯罪思想、种族歧视思想等破坏世界和平与安全、影响人类社会和谐共存的恶性思想。

1. 霸权强权思想

美国著名政治家、学者约瑟夫·奈指出："美国不会永远保持霸权地位。如果我们高傲自大，对外部世界麻木不仁，浪费我们的软实力，我们就会增加受到攻击的危险，卖空我们的价值观，加速我们优势的丧失。"① 约瑟夫·奈这段话道出了霸权的两大主要特征：高傲自大和麻木不仁。高傲自大，是指自以为了不起，看不起别人。麻木不仁，是指对外部世界无动于衷，对他人的感受毫不在意。

---

① ［美］约瑟夫·奈：《美国霸权的困惑——为什么美国不能独断专行》，郑志国、何向东、杨德等译，世界知识出版社 2002 年版，第 11 页。

人体如同其他生命体那样，在正常情况下，是被动感知来自外界的信息，并因此做出相应反应的。然而，由于人的大脑的意志成分的存在，人体又不同于其他生命体，除了能被动感知外界信息之外，还会主动出击，进行思考并将其转化成言行，从而让人体主动去接触外界信息，创造新的接收外界信息的通道。因此，人体的感知范围要远远超出其他生命体的感知范围。正是因为人这一生命体的独特性的存在，所以每一个独立存在的个人以及集体、政府和国家等组织，有权主动接收外界信息，对外界信息做出独立判断，并因此形成感知与做出反应。

霸权强权思想，人为地剥夺了其他主体的这种独立自主的判断和选择，将自己的意志强加给他人，不容许其他独立主体有自己的想法。其他独立主体成了实现霸权强权者思想的工具和手段，成了霸权强权者任意摆弄的对象。前文说过，权利的实质是"想要"，若没有自主的想法，谈何权利？显然，在霸权强权思想的压制下，其他主体沦为了工具。

2. 违法犯罪思想

法律是社会控制最重要的手段之一，其精髓是惩恶扬善。遵纪守法是每一个自然人、法人、政府、国家应尽的义务，属于善行范畴。法是意志与规律的结合，是社会管理的手段，是通过利益调整来实现社会正义的工具。[①]由此可见，法律是某种意志的体现，是人类社会发展规律和自然规律的反映。因此，法律是正义的体现，若法律得以实施，正义便能在人类社会实践中得以彰显。法律是善的彰显和宣示，守法便为善，违法犯罪便是恶。

法律包括国内法和国际法，守法包括遵守国内法和遵守国际法。在交通、通信日益发达的今天，国际社会交往日益频繁，任何自然人及任何组织，无论其在国内还是在国外，其守法都会同时涉及遵守国内法和遵守国际法，反之亦然。执法机关和司法机关，要双管齐下，在处理国内法违法事件时，同时要深究是否存在国际法违法现象；在处理违反国际法案件时，同时要深究是否存在违反国内法的现象。只要有任何遗漏，法律运行机制在社会实践中的运行效果就要大打折扣。

遵守法律，不是对法律主体行为进行野蛮的约束，而是引导法律主体按照客观事物的发展规律来行动，尊重自然规律。但违法犯罪思想是背离这一内涵的，其认为法律是限制自由的枷锁，束缚了人的行为，很不自由。违法犯罪思想通常想要通过违法犯罪手段来获取自己眼前的不正当利益，这会对

---

① 参见张文显《法理学》，法律出版社1997年版，第49页。

社会造成危害，影响法律目的的实现。例如，各种民商事违法行为会使民商事法律主体的合法权益受到不同程度的侵害，使他们的合法期待落空；比起各种民商事违法行为，社会危害性更为严重的是刑事犯罪行为，这会对受害人的生命、健康、财产造成严重损害，带来严重后果。

由于思想具有行为弱化性，因此，违法犯罪思想的危害性，不一定需要等到将其付诸实施才能显现出来。一旦一个人的脑海里存有违法犯罪思想，对社会来说，就是一颗行走的不定时炸弹，不仅随时有爆炸的风险，而且还会以此思想对社会施加各种负面影响。违法犯罪思想本身就是一颗毒瘤，不仅对社会来说是一种祸害，对具有这种思想的人来说也是极大的危害。法律运行机制中各构成要素的主体，必须通过思想教育、社会舆论等手段，将该思想彻底从人脑中去除。

3．种族歧视思想

1965 年 12 月 21 日，联合国大会通过的《消除一切形式种族歧视国际公约》（以下简称《公约》）对种族歧视概念做了如下界定："基于种族、肤色、世系，或民族或人种而施行的任何区别、排斥、限制或优惠，其目的或效果是取消或损害政治、经济、社会或公共生活任何其他方面的人权及基本自由在平等地位上的承认、享受或行使。"

种族歧视思想的典型特征是，认为只有本民族是优良、先进、智慧的人种，其他民族则是劣等、落后、野蛮、愚钝、难以被教化的人种。基于种族歧视思想，种族主义者对被歧视的民族常常实行霸凌、欺压、掠夺，甚至实施种族灭绝等罪恶行径。

自然界对人的创造是一项杰作。每一个人都是自然界的一分子，都是独立的生命体，不论高低贵贱、肤色人种。包括人在内的每一个生命体都处于自然规律的运行轨道之中，接受自然规律的调节，而不是人为调节。

种族歧视思想，从另一个角度说明，人类社会中的恶起源于人类的主观臆想，其本身就是愚蠢的。这种优、劣等民族的区分，不禁让人联想到达尔文"物竞天择、优胜劣汰"的思想。但达尔文这样的思想应当是对自然界生命体运行规律的描述，应当是对生命体生存和自保这两种因素运动状态的描述，而不是对生命体自相残杀状态的描述。种族歧视思想显然是对达尔文思想的异化和滥用，其不仅危及世界和平与安宁，也影响到人与自然和谐共生。

（二）善性思想

善性思想的层次是依据其所要控制的恶性思想的危害程度进行划分的。例如，"为人的生命着想的思想"要比"为人的身体健康着想的思想"层次要高，正所谓"救人一命胜造七级浮屠"；"为人民服务的思想"要比"为他人着想的思想"层次要高；等等。善性思想的层次可以从所涉事物的面和程度两个方面进行划分，限于篇幅，本书仅从事物面的大小方面对善性思想进行划分。据此，依据层次递进性，可将善性思想分为：为他人着想思想、为集体着想思想、为国家服务思想、为人类社会服务思想、共产主义思想。

1. 为他人着想思想

为他人着想思想是利他主义的体现，与利己主义思想相对。具有为他人利益着想思想的人，其思考问题和为人处事，总是先考虑别人，考虑他人的想法，顾及他人的感受，想着他人的利益，没有私心杂念。其思维是以他人状况为出发点和归属，利于他人的事情就去做，不利于他人的事情则不做。

为他人着想，不仅是为他人眼前利益着想，而且是为他人长远利益着想，进而统一成为他人客观事实情况着想。为他人着想，不是一味迁就他人，满足他人无休止的、不合理的需求，而是根据他人生存和自保的需要，做自己力所能及的事情。从这个意义上来说，为他人着想思想就是，说话和做事，不能给他人的生存带来影响和风险，而是要有利于他人的生存，在他人面临生存风险时，提供有助于他人自保的帮助。

为他人着想思想符合事物发展规律。在群居型人类社会，只有为他人着想，最终才会赢得他人为你自己着想的回报。只为自己着想的人，最终会被他人孤立，被社会抛弃。其结果必然是，自己是自己的唯一朋友，整个社会都是你的敌人，最后的结局，也许自己都会背叛自己。

为他人着想思想会促使一个人的智慧不断提高。在为他人着想的过程中，人们会不断探索有利于他人的方式、方法和途径，不断研究怎样的状况才是对他人有利的，并在这个过程中，不断教育他人如何认清他人自身的客观事实情况，不断纠正他人的思想。这一过程，会促使脑细胞充分活跃，不断提高自身对客观事物发展规律的认识和把握，从而使自我的智慧始终处于不断提高的过程之中。这就是爱与智慧的辩证关系。

2. 为集体着想思想

为集体着想思想是集体主义思想或集体主义精神的体现，是为他人着想思想在集体层面的延续。集体是由集体成员按照集体规章制度和程序组建起来的组织，由集体组织机构集中行使集体成员的权利，为实现集体成员的共同目标或宗旨而建立起来的，是集体成员能力的拓展和延伸。在一个集体中，集体成员的集体身份代替了其个人身份，每个成员都是以集体成员的身份出现的。因此，所有成员的工作职责都是在实现集体利益，而不是个人利益。

为集体着想思想也是符合事物发展之理的。集体组织成员是相互依赖、相互联系的整体，集体组织对外是一个行为单位，由集体意志来控制。这个集体意志，必须是全体成员统一协调的意志。这就需要所有集体成员心往一处想，也就是为集体着想。正所谓步调一致才能得胜利，如果集体成员每个人都私心重重，出勤不出力，对集体的状态漠不关心，那这样的集体在社会上是很难生存下去的，至少不可能生存得好。相反，如果每一个集体成员事事处处都想着集体，尽到集体成员的职责和本分，忘掉自己的私利和私心，就会充分调动脑细胞的活力，发挥聪明才智，全身心地投入集体组织建设，使其发展得越来越好，而每一个集体成员也会因此具有成就感和幸福感。这一过程中，每一个集体成员的智慧都将不断得以提高。这就是事物向好的方面发展的运行规律。

当然，为集体着想思想应当放在为国家着想、为社会着想、为人类着想、为自然着想等更大的面上进行考量。这样，社会才能有效避免出现集体自私主义，避免形成与国家、人类和自然格格不入的集体小圈子以及地方保护主义，等等。否则，为集体着想思想的善性将消失殆尽，蜕变成自私自利思想。

3．为国家服务思想

为国家服务思想的层次要高于为他人着想思想和为集体着想思想。为国家服务思想是一种更高级别的思想，提出了更高要求，其要求一国公民的一言一行都要以有利于自己的国家、有利于促进国家不断走向繁荣昌盛为标尺。

对于普通民众来说，为国家服务思想似乎离他们的现实生活相距甚远，难以企及。感觉这样的思想应当离国家机关工作人员、各领域专家更近，是特意为他们设立的。的确，这些人的使命跟国家的命运息息相关，具有最直接的关联性。但除了这些人之外，其实每个人都应当具有为国家服务思想。公民身份是一个人的国家成员身份，而不是只代表公民自己，因此，为国家服务思想是每个公民应具有的思想。法律运行机制中各构成要素中的主体尤其要具备为国家服务思想，否则就不可能胜任法律工作。

思想高度决定人生高度。每一个人从小就应当被培养成拥有为国家服务思想的人，做一个志存高远的人。这样，一个人从小就有了神圣的使命感和为国家服务的责任感，就会全身心地投入品德和能力建设中去，将来才有望成为建设国家的栋梁之材。唯有思想有高度，一个人的人生才能走得更远，才能具有一般人难以超越的人生价值。

4. 为人类社会服务思想

人类社会是与自然界相对的概念。人是一种群居性动物，在生产力不发达的时期，人类社会是被地理分割的地域概念；随着生产力飞速发展、科技进步、信息交通业的发达、地球村的出现，现如今，人类社会早已成了全球性概念。此时，地球上所有的人形成了相互依存、相互作用、相互影响的统一体，与自然界形成了既对立又统一的相对独立的整体。

人处于集体组织当中是集体身份，处于国家当中是国家成员身份，处于人类社会当中是人类社会成员身份，处于自然界当中则是自然界成员身份。据此，为人类社会服务思想是人类社会所有成员都应当具有的思想，是一种人对自然界的责任和本分。

人类社会为全人类谋福利，为人类社会服务思想对人类来说，可算是一种高尚的思想；但对整个自然界来说，这某种程度上也许是人类自私自利的思想。因为，人类社会在为人类自己谋福利的过程中，可能会以牺牲自然为代价，导致自然界严重失衡。于是，作为一种善性思想，为人类社会服务思想应着眼于人与自然和谐共生，应着眼于自然界万物之间的平衡，而不是仅仅着眼于人类社会自身的利益。从对自然界善的角度来看，为人类服务思想实则是为自然界服务思想，可以促进人与自然和谐共生。

5. 共产主义思想

共产主义是人类社会的崇高理想，是马克思对人类社会远景的设想。而这种远景设想却遭到西方社会的各种讽刺。如果不是西方对共产主义概念的无知，那一定是他们别有用心。共产主义思想的实质是对共产主义概念的准确理解和把握，以及对共产主义运动过程的理解和把握。

在马克思主义经典专家的概念里，共产主义社会是令人向往的。在共产主义社会中，人类的物质生活资料将得到极大的丰富，精神生活将得到极大的提高，人与自然将达到充分和谐之状态，人与社会和睦相处，个人所需要的用品应有尽有，社会生产力空前发展。几千年来，人们一直在追求一种没有剥削、没有压迫、人人劳动、人人平等的社会生活模式。

共产主义社会是人类最美好的社会，人与人之间没有压迫和剥削的现象，而是互敬互爱、和谐融洽的状态。要准确理解和把握马克思关于共产主义概念的阐述，就必须建立在共产主义美好蓝图的基础之上，否则，便容易曲解马克思有关共产主义的概念。

首先，我们要从物质和精神两个方面进行整体把握。"物质生活资料得到极大的丰富"是相对于人的精神层面来讲的。在人与人之间相互礼让、相互关爱的崇高的精神状态下，人的欲望受到了合理控制，而不是无限膨胀。同时，这种精神状态下的人们，少了彼此的戒备心理，消除了臆想中的恶，也就消除了恶的本源，使得人类社会远离了恶的存在。这种情况下，人这一生命体就会回到一种良好的自然状态，实现人与自然和谐共生。

其次，要从生命体生存和自保的本能角度进行考量。人这一生命体的生存所需的物质条件和精神条件有其自身的规律性。在人的生存规律的控制之下，人对满足自己生存所需的外界物质的欲望是合理而有限的，而不是无限的。在那种社会状态下，人们面对如此丰富的物质生活资料，会根据自己生存和自保的需要来取用，完全是一种"个人所需要的用品应有尽有"的状态，可以按需取用，或者按需分配。

根据万事万物相生相克的原理，善与恶并存于共产主义社会全面实现之前的人类社会。共产主义是一种过程，并不是某一天突然实现的结果。马克思曾明确地指出："共产主义对我们来说不是应当确立的状况，不是现实应当与之相适应的理想。我们所称为共产主义的是那种消灭现存状况的现实的运动。这个运动的条件是由现有的前提产生的。"[1] 可见，马克思早就意识到，共产主义是一种现实运动，是一种消灭现存恶性状况的现实运动，是不断扩大善性面的过程。

综上所述，思想的层次性是针对现实人类社会中人的思想状况所进行的理论探究和分析。这样的理论上的分析，并不是说，人们的思想是按照层次阶梯逐步提高的，这不是思想规律，而是错误地将认识规律运用到思想层面。如前文所述，思想具有行为的弱化性，共产主义思想肯定不是共产主义社会实现之后才具有的。总之，思想的高度不能局限于思想的层次性，更不能局限于善与恶的相克性、匹配性和对应性。思想的层次性具有相对局限性，具有严格适用面的规定性。为此，法律运行机制中各构成要素中的主体必须始终具有思想的最高高度，以实现人与自然和谐共生的宗旨。

---

① 中共中央马克思恩格斯列宁斯大林著作编译局：《马克思恩格斯选集（第一卷）》，人民出版社1972年版，第87页。

第五章　责任下法律运行机制中的法律目的

一、法律运行机制的运行目标与法律目的的区别与联系

法律运行机制的运行目标是立法、执法、司法、律师法律服务及守法共同协作完成的法律运行机制在社会实践中实现社会治理和控制的综合效果和状态，是一国通过法律治理而取得的社会效果。法律运行机制的运行目标，主要集中在宏观层面，实现国家层面的安全、发展、稳定的战略目标，实现社会层面的良法之治、保障人权、保护私权、为民众服务、社会和谐、彼此尊重、积极协作、协调行动的总体目标，实现自然层面维护自然生态环境、人与自然和谐共生的最终目标。而"维护统治阶级统治秩序""保障和发展社会主义民主，推进依法治国，建设社会主义法治国家""维护社会经济秩序，促进社会主义现代化建设""实现平等、公平、公正、正义、自由""保障权利、民主、秩序、效率"等，是法律运行机制在社会实践中运行所追求的次级宏观意义上的目标。

与宏观意义上法律运行机制的运行目标相比，微观意义上的法律目的是指立法层面或每部单行法所要追求的目标，体现在各单行法的立法目的条款之中，甚至体现在每部单行法的每一条款当中。而微观意义上的法律目的，如"保护社会主义市场经济良性运行"的经济法的法律目的、"保护睦邻友好、和谐友善的民间交往"的民事法的法律目的、"保护生态环境"的环境法的法律目的、"保障行政权力合法行使"的行政法的法律目的、"保障诉讼程序公正进行"的诉讼法的法律目的等，是根据各部门法或单行法所调整的社会关系的特点而设立的，具有特殊性和相对独立性。

从哲学角度来看，宏观意义上的法律运行机制的运行目标是针对整个社会而言的，具有抽象可能性；而微观意义上的法律目的是针对某一领域的社会关系而言的，具有现实可能性。前者着重于整个社会面，比较抽象；后者着重于立法层面，比较现实。后者的实现是前者的量变过程，前者的实现是后者的质变结果，后者是对前者的无限的接近。在法学研究和法律实践中，"立法"一词主要在两个不同的层面上使用，一个是指创制法律规范的活动

或过程，另一个是指法律本身。① 因此，法律目的和立法目的有同等意义，只不过人们习惯上用立法目的来指称各单行法的法律目的。

我们不能将法律目的等同于法律运行机制的运行目标。法律目的仅指立法层面或部门法、单行法所要追求的目标；而法律运行机制的运行目标是立法层面及所有部门法、单行法目的的共同指向和最终目标，是法律运行机制中立法机制、执法机制、司法机制、律师法律服务机制及守法机制等各构成要素共同协作运行的结果。正是由于这种共同协作运行服务于法律运行机制运行目标的事实的存在，人们才能在社会实践中看到立法、执法、司法、律师法律服务及守法之间相互作用、相互影响、相互运动、相互变化、相互协调、相互依存的运动变化发展的过程。

二、法律目的的含义

法律的目的，是指法律要达到的境地和要得到的结果，② 是立法者希望通过法律达到的目标。"目的之于法律，犹如理性之于法律，是法律的灵魂，是法律活动的主宰。"③ 美国著名法学家罗斯科·庞德认为，法律目的在法律研究和实践中头等重要，"长期以来，人们一直认为，有关法律目的——亦即有关社会控制的目的以及为作为社会控制形式之一的法律秩序的目的——以及从这种法律目的来看法律律令应当是什么的哲学观、政治观、经济观和伦理观，是法官、法学家和法律制定者工作中的一个具有头等重要意义的要素"④。近代德国法学家、目的法学代表人物鲁道夫·冯·耶林在其《法律：实现目的的手段》一书中对法律目的曾做过经典阐述。他在这本书的序言中写道："本书的基本观点是，目的是全部法律的创造者，每条法律规则的产生都源于一种目的，即一种事实上的动机。"⑤ 耶林在批判历史法学派关于"法律只是非意图的、无意识的、纯粹的历史力量的产物"的观点时指出，法律制度中虽然有一部分是根植于历史的，但法律在很大程度上是国家为了

---

① 参见韩忠伟《中国立法原理论》，甘肃民族出版社 2008 年版，第 3 页。
② 参见刘作翔《法律的理想与相关法学概念关系的法理学分析》，载《法律科学》1994 年第 4 期，第 9～15 页。
③ 张智辉：《刑法理性论》，北京大学出版社 2006 年版，第 37 页。
④ ［美］庞德：《法理学（第一卷）》，邓正来译，中国政法大学出版社 2004 年版，第 368 页。
⑤ Rudolph von Jhering. *Law as a Means to an End*. New York：The Macmillan Company，1924：4.

有意识地达到某个特定目的而制定的。① 此外，美国新自然法学派代表人物富勒也强调，每一条法律规则都有旨在实现法律秩序的某种价值的目的。

法律的目的是法的正当与否、合理与否的评价规则和标准，具有明确的指向性。② 法律目的是立法者所期望达到的结果，指引着立法行为的方向，是立法者决定制定或变动某个法律文本所希望达到的特定目标。通常在提出法律案、起草法律草案时，它就应当被大致设定出来。"法律通过向期望的新方向引导行为，实现社会转变的目标。立法起草者为了努力确保变革性法律的有效实施，就必须使编写的法律语句能够命令、禁止或者授权主要调整对象和执法部门官员按法律规定行事。"③ 法律目的是法律的灵魂，"法要解决什么问题，要达到什么目的，要非常明确，这是法的灵魂"④。没有明确的立法目的，法律制度的设计就是无的放矢，就会因失去准星而杂乱无章。⑤

综上，法律目的是法律的灵魂，是法律规范中对法律主体行为进行设计的轴心，是一部法律条文的全部内容的共同指向和共同追求的目标。如果没有法律目的的存在或法律目的模糊不清，那么对法律主体行为的设计就会处于混乱不堪的状态。法律目的是法律意志方向性的集中体现，是法律目的意志统领和控制着法律主体意志的状态。法律主体的行为是受法律目的意志控制和支配的，而不是受法律主体的个人意志的控制和支配。法律目的意志就是法律主体的身份。在这种身份下，法律主体的行为才能称得上自由；若背离了这种身份，法律主体的行为，不仅不是自由的，而且还要受到法律的制裁。前文已经分析过，法律意志是有层面之分的，从形式上看，有立法者层面；从实质上看，有国家层面、社会层面、法律主体层面和自然层面。每一个不同层面上的法律目的意志会呈现出相对独立的样态，但最终都要归属于自然层面的法律目的意志。

① 参见［美］E. 博登海默《法理学：法律哲学与法律方法》，邓正来译，中国政法大学出版社 1999 年版，第 109 页。

② 参见程乃胜《何谓法律的目的》，载《安徽广播电视大学学报》2005 年第 3 期，第 2 页。

③ ［美］安·赛德曼：《立法学：理论与实践》，刘国福、曹培等译，中国经济出版社 2008 年版，第 328 页。

④ 柳随年：《我在人大十年》，中国民主法制出版社 2003 年版，第 31 页。

⑤ 参见邰风涛《文津法札》，中国法制出版社 2011 年版，第 119 页。

三、法律目的的不同层面分析

（一）法律目的的立法层面分析

从形式上看，法律是由立法者制定和认可的，是立法者立法活动的结果，必然要受到立法者意志的影响。从立法者层面来看，法律目的是立法者的期待，期待所涉法律主体应当做什么或不应当做什么，以及如何确保法律主体朝着实现法律目的的方向前进。从法律目的的角度来看，所有法律主体的行为都是因立法者对其有期待而产生，因此都是一种责任行为。这里，只有立法者的法律目的意志才是权利。法律主体行为的权利和义务性质，则完全取决于法律主体行为的服务方向，服务于法律目的的法律主体行为，相对于任何其他法律主体来说，是权利行为，这意味着其他法律主体有义务不得阻挠。但这种权利行为相对于立法者法律目的的意志来讲，实则是义务行为，或责任行为。人们如果离开法律目的谈法律主体的权利和义务，就是空谈。

（二）法律目的的国家层面分析

法律是国家统治、管理和控制社会的手段和工具。从这个角度来看，法律的意志实质是国家意志，是国家统治、管理和控制社会的意志。从国家权力行使的角度来看，立法机关是行使国家立法权力的机关，立法者的意志受到国家意志的控制和支配，立法者肩负着通过立法行为践行国家意志的责任，是国家对立法者的期待。离开这种责任，立法者就失去了存在的价值和意义。

在国家意志的背景下，法律目的的意志必须与国家意志保持高度一致，这时，法律目的的意志就是国家的法律目的的意志，而不是立法者的法律目的的意志。立法者的立法行为只不过是国家想要立法者做什么、怎么做、如何去做。立法者的行为要对国家直接负责，立法行为成了责任或义务。也就是说，在国家意志要求下，立法者必须进行立法，而不是立法者在自己主观意志的支配下想怎么做就怎么做，立法者在国家意志面前没有这样的权利和权力，只有义务和责任。即便国家意志没有明示要求，立法者也应当充分发挥立法智慧，用心理解国家意志的要求，避免主观性作祟。对于法律目的来说，在国家意志层面，国家的法律目的意志才是权利。包括立法者立法行为在内的法律主体的行为都是为国家的法律目的意志服务的，其行为的权利义务性质，要依据是否是为了实现国家的法律目的意志来决定。在实现国家的法律目的意志面前，所有的行为都是国家的法律目的意志的期待，都是责任或义务；在其他法律主体或社会公众面前，为实现国家的法律目的意志而实施的行为是权利，也就是说，行为人有权利从事实现国家的法律目的意志的任何行为，其他任何人负有不得干扰和阻碍的责任或义务。

（三）法律目的的社会层面分析

法律是为社会服务的。国家通过法律的手段，惩恶扬善，控制着社会实践中恶的生长，以服务于社会。社会是国家诞生的土壤，是国家的生命力所在，也是法律存在的正当性基础。据此，国家的意志应当服从于社会的意志，应当与社会的意志保持高度一致。从这个角度来看，国家的法律目的意志应当是社会的法律目的意志的反映，是国家对社会意志的提炼和升华。

国家的法律目的意志，是对社会意志所肩负的责任，是社会对作为统治、管理、控制和支配社会的手段的法律的期待。从法律目的社会层面来分析，法律目的意志应当是社会的法律目的意志。在这个层面上，社会的法律目的意志成了权利，其内容是想要国家、立法者、法律主体通过他们的行为的实现来达到这种目的。

（四）法律目的的法律主体层面分析

从应然角度来看，社会意志应当就是法律主体意志，因为法律主体是组成社会的细胞或元素，社会意志应当根源于法律主体意志；从实然角度来看，社会意志是对法律主体意志的集中，是法律主体意志的集中体现，但这种集中过程可能不被法律主体所控制，可能掌控在少数势力者或社会优势群体、社会精英手里。这种对集中过程进行掌控的事实的存在，使社会意志有自己形成的独特规律，而这种规律可能使社会意志与法律主体意志脱钩并分道扬镳。

可见，社会意志有可能成为阻挡国家意志与法律主体意志之间相互连接的障碍，有必要通过法律主体意志对社会意志的正确性进行有效检验，以防止国家意志因脱离法律主体意志而变得不切实际，并且避免法律目的意志在社会实践中落空，使法律成为不可行的一纸空文。如果社会上少数势力者或优势群体把持着社会意志的主要内容，使社会意志实际上变成了少数势力者或优势群体的少数人意志，这就意味着这些少数势力者或优势群体的少数人意志在控制着国家意志状态和法律目的意志状态，意味着少数人在"合法"地利用法律主体的行为来实现他们的私人权利。

法律目的的法律主体层面，要求法律目的意志要符合社会生活生产实践，是从群众中来、一切从实际出发的结果。当立法者意志、国家意志、社会意志与法律主体意志保持高度一致时，立法者的想法就是国家的想法，国家的想法就是社会的想法，社会的想法就是法律主体的想法。此时，法律目的意志就是法律主体的法律目的意志，为实现法律目的的有关法律主体的所有行为，都是法律主体的权利行为；而为了不阻碍或破坏法律目的实现而实施的行为，都是义务行为。这里的义务主体，可能是立法者，可能是国家，可能是地方政府，可能是社会，也可能是部分法律主体，因为他们都肩负着对法律目的意志的实现的责任或义务。

（五）法律目的的自然层面分析

法律这一事物，是自然界这一树干上社会分枝中的一个小分枝，要不断地从自然界汲取营养，否则不但不能控制社会上恶的成分，反而会逐渐枯竭，直至死亡。

法律目的的自然层面要求，法律目的意志不仅要符合社会发展变化规律，还要符合自然规律的要求，符合自然界所提出的感知与反应以及生存与自保的要求。

与其说人类社会的发展是为了改善人类的生活，倒不如说人类社会的发展是为了弥补和挽救被人类恶行所侵害到的人体。因为，在自然的条件下，人体按照生存与自保的自然规律运行，而超出生存和自保之外的发展或改善，有可能不但是无效的，而且会对人体造成伤害。

自然意志要求，为了维持人类的生存，惩治来自人类自身人为的恶及人类自身的发展，是法律目的意志的两大主要内容。"惩治来自人类社会自身人为的恶"是每个个人、单位、集体、组织、社会、政府、国家所肩负的义不容辞的责任，是自然对人类的期待；发展是每个个人、单位、集体、组织、社会、政府、国家为了自保、为了更好地惩治和控制来自人类社会自身人为的更大的恶而实行的行为。生存与自保之下的惩恶与发展是自然层面对法律目的意志的要求。

四、目的主观性分析

目的源于人类主观理性。所谓目的，"是指那种通过意识、观念的中介被自觉地意识到了的活动或行为所指向的对象和结果"①。从这个关于目的的定义中我们可以看出，目的不是人的感性结果，而是经过了理性思考、选择和决断之后，确定自己的活动或行为的指向，其源于人类理性认识的结果，具有理性特征，反映了人类对外界客观事物的认知能力。"人类自身具有目的，就是因为他自身中具有'神圣'的东西——那便是我们从开始就称作'理性'的东西。"② 黑格尔将理性与人类自身的目的联系起来，并指出，一旦人类有了自身的目的，就开始具备了理性。这里的目的和理性都是人类对外界客观事物的主观认识，都含有主观性成分，只不过理性所含的主观性成分要少于感性，比感性更自觉。

关于目的的理性属性，在西方哲学史上，各派哲学家都把目的性视为理性标志。苏格拉底认为，事物都是为某种有用的目的而存在的东西，是由理智所产生的，即由事先经过深思熟虑的工作而产生的。③ 柏拉图继承和发扬了苏格拉底的学说，他把世界分成理念世界和现象世界两部分。理念世界是独立的和真实的存在，而现象世界仅是理念世界的影子。理念世界中最高的理念是至善，是一切理念的本原，是宇宙的总体目的。正是通过对宇宙目的的总体设计和策划，各级的理念和现实的万物才会并然有序。④ 康德指出，"人是世上唯一无二的存在着能够形成目的的概念"，人"作为世上唯一拥有知性因而具有把他自己有意抉择的目的摆在自己面前的能力的存在者，他确是有资格做自然的主人的"⑤。

《现代汉语词典》将理性定义为"判断、推理等活动"。从哲学认识论角度来看，理性认识与感性认识相对，是认识的高级阶段（但不是最高阶段，前文已经对此做过较为详细的论述）。理性认识的过程是在感性认识的基础上，通过概念、判断、推理的逻辑思维形式，把所获得的感性材料，经过思考和分析，去粗取精、去伪存真，由此及彼、由表及里地进行整理和改

---

① 夏甄陶：《关于目的的哲学》，上海人民出版社 1982 年版，第 227 页。
② ［德］黑格尔：《历史哲学》，王造时译，生活·读书·新知三联书店 1959 年版，第 73 页。
③ 参见夏甄陶《关于目的的哲学》，上海人民出版社 1982 年版，第 8 页。
④ 参见赵仲牧《目的论·因果论·辩证论——中西方传统哲学中的三种秩序论模式》，载《云南大学学报（社会科学版）》2003 年第 4 期，第 12 页。
⑤ ［德］康德：《判断力批判（下卷）》，宗白华译，商务印书馆 1964 年版，第 89、94 页。

造，以便获取客观真理的过程。由感性认识到理性认识是认识的质的飞跃，是认识的深化，属于抽象思维活动，是对事物本质的、整体的和内部联系的概括和反映。判断、推理、对事物本质的认识是人的典型的主观心理活动，因此，源于人类理性的目的具有主观性。"目的是由于否定了直接的客观性而达到自由实存的自为存在着的概念。目的是被规定为主观的。因为它对于客观性的否定最初也只是抽象的，因此它与客观性最初仍只是处于对立的地位。……目的虽说有它的自身同一性与它所包含的否定性和与客体相对立之间的矛盾，但它自身即是一种扬弃或主动的力量，它能够否定这种对立而赢得它与它自己的统一，这就是目的的实现。"① 目的是对事物未来状态的描述，而事物现在的状态显然是与事物未来的状态相矛盾的，因此，目的是对事物现在状态的否定，且可以通过否定这种事物自身的矛盾对立来达到事物自身的统一。然而，这些目的虽然是人类理性活动的结果，但毕竟是大脑的主观活动成分，是"被规定为主观的"东西。这种目的蓝图在人的大脑中是抽象的，不是具体的样态，即便有参照物可供参照，也因为客观事实情况的差异，而无法使目的具体化。

目的作为人类实践活动的直接动因，是实践活动所要创造的未来事物在观念上预先建立起来的主观形象。② 通过理性构建起来的目的，毕竟是人在观念上预先建立起来的未来的主观形象，而不是现实客观存在的东西，属于现实可能性或抽象可能性，需要借助于目的设定者自身的能力和一系列主客观条件才能实现。因此，目的的设定需要设定者充分考量包括自身能力在内的现在和未来所涉的一系列主客观条件和因素，否则，目的就是不现实的，也会因其主观性太强而很难实现。

目的的主观性还表现在目的的自我调整性。"人类起初只知道努力达到个人的目的，经过互相交往之后，逐渐发觉把自己的目的和他人的目的相结合，更易达到自己的目的。由于个人目的的互相结合，于是就产生了商业、社会以及国家。"③ 耶林为我们展示的就是目的的自我调整和修正。保护公民的基本权利是宪法的根本目的，其他部门法的法律目的要能体现这一根本目的，与之相结合，才能达到主客观一致。耶林将人类行为的目的分为两种基本的形式，即个人的目的和社会的目的，"个人目的以利己为根据，社会目

---

① ［德］黑格尔：《小逻辑》，贺麟译，商务印书馆1980年版，第387页。
② 参见张智辉《刑法理性论》，北京大学出版社2006年版，第36页。
③ Rudolph von Jhering. *Law as a Means to an End.* New York：The Macmillan Company，1924：1－2.

的以利他为根据"①。当一个人过分夸大个人目的、无视社会目的，同时又想伪装自己的时候，他就会以利他目的作为掩护，来推行真实的利己目的，所表露出的目的具有巨大的虚伪性和欺骗性，其主观性可见一斑。

法律目的的主观性不仅体现在立法目的条款的不切实际性、不合理性，而且也体现在法律文本中各条款所体现的法律目的与整部法律所宣扬的目的不协调，甚至与之相背离。"万丈高楼平地起"，如果"万丈高楼"是总体目标或目的，那么每一层的建设也是目标或目的。目的是分层次的，每一层次的目标或目的要与总体目标或目的保持协调一致。后者是基本方向，前者是通往这个方向的道路上的每一个站点。"目的是全部法律的创造者，每条法律规则的产生都源自一种目的。"② 就一部单行法来说，其中第一条目的条款所展示的是这部法律的总体立法目的，其实现需要这部法律的各条款所追求的目的合理、客观并与之协调，且能够得以践行。否则，即使总体立法目的做到了主观一致，比较符合相应社会关系发展规律，但如果各条款的法律目的主观成分较多，与总体立法目的不协调，将导致各站点间的联结方向偏离总体立法目的，最终也会使该总体立法目的成为空洞无物的主观设想而难以成为现实。这便是国家立法和地方立法要符合社会实践、遵循经济社会发展规律、遵循自然规律的法哲学基础。

综上，如果法律目的主观成分太多，不符合社会实际，不符合事物发展规律，不符合自然规律，那么国家、立法者和法律主体的所有行为便都是无效的，都是在做无用功，他们的意志或想法都是错误的，也更谈不上什么权利和义务。在那种情况下，不仅法律运行效果全无，人力、物力和财力等资源都会被白白浪费。

五、法律目的与法律价值的比较分析

（一）法律目的的主观性与法律价值的客观性

法律目的不同于法律价值，前者是主观的，后者是客观的。法律价值的客观性在于，法律是国家对社会实行统治、管理、支配和控制的手段之一，

---

① 吕世伦：《现代西方法学流派（上卷）》，中国大百科出版社 2000 年版，第 292 页。

② ［美］E. 博登海默：《法理学：法律哲学与法律方法》，邓正来译，中国政法大学出版社 1999 年版，第 109 页。

是惩恶扬善的工具。惩恶扬善就是法律的基础性价值，而且是在社会实践中实实在在发生的，是一种客观存在，不以人的意志为转移。法律价值不同于人们对事物存有主观好恶时做出的价值判断，前者是客观的，后者是具有主观性的人们的价值观念。

法律价值是在人（主体）与法（客体）的关系中体现出来的法的积极意义或有用性，一方面体现了作为主体的人与作为客体的法之间需要与满足的对应关系，即法律价值关系；另一方面又体现了法所具有的，对主体有意义的，可以满足主体需要的功能和属性。① "法价值的客观性，是指法的价值不管主体认识不认识，是否去认识，都是客观存在的。承认不承认法价值的客观性，是唯物主义法价值理论与唯心主义法价值理论的一个重要分歧。"② 法律价值是客观存在的，平等、公平、公正、正义等是法律的基本价值，其存在于人类历史长河之中，只不过不同社会的法律目的对其指向及指向的重点、广度和深度不同罢了。美国法学家埃尔曼曾指出，法律的目的是"法律要推行哪种价值"③。这正是法律目的主观性的体现。法律的目的是一种要求、盼望和设想，是人类进行法律活动前或活动中的愿望和企盼，④ "以观念形态表达的，国家进行民事诉讼所期望达到的目标或结果"⑤。观念形态和期望正是法律目的主观性的体现，其具体表现为法律目的对法律价值的主观选择及立法目的条款表述的主观性。

（二）法律目的对法律价值选择的主观性

价值属于哲学范畴。哲学上关于价值的解读，主要有属性说和关系说两种颇具代表性的学说。属性说的主要观点是：价值就是事物本身所具有的一种属性，它内在于一个事物，具有独立存在的意义。与属性说所坚持的观点不同，关系说认为，价值是客体对主体需要的满足，其中，客体一般指的是事物，而主体则指的是人。按照属性说的观点，判断一个事物的价值，不是因为该事物能够满足人的某种需要，而是因为该事物本身便具有客观的价值，因此，事物的价值不需要在它与人的关系中定位。对此，关系说提出了

　　① 参见张文显《马克思主义法理学》，高等教育出版社 2003 年版，第 222 页。

　　② 吕世伦、文正邦：《法哲学论》，中国人民大学出版社 1999 年版，第 364 页。

　　③ ［美］埃尔曼：《比较法律文化》，贺卫方、高鸿钧译，生活·读书·新知三联书店 1990 年版，第 65 页。

　　④ 参见程乃胜《何谓法律的目的》，载《安徽广播电视大学学报》2005 年第 3 期，第 2 页。

　　⑤ 李祖军：《民事诉讼目的论》，法律出版社 2000 年版，第 3 页。

自己不同的看法，其认为，要判断一个事物有无价值时，必须要从人对该事物的主观需要来看，事物能满足人的某种需要则有价值，不能满足则无价值，一个事物满足人的需要的程度越大，则这个事物的价值越大，因此，事物的价值不是事物的固有属性，不是一种客观的、独立于人的主观需要的属性，它必须要在与人的关系中定位，价值本身也就是一种关系性存在。① 事物之所以能够满足人的需要，正是该事物所具有的属性使然，不同的价值体现了事物的不同属性。价值离不开事物的属性，而事物的属性是客观存在的。从这个角度看，价值是客观的，只不过因人的自身情况而没有意识到或还未到利用事物某一属性的时候。

作为价值的一个种类的法律价值，与法律自身所具有的属性是分不开的。无论良法还是恶法，法律都是统治者或立法者为了实现某些法律目的而制定或确认的，用来调整社会关系、规范人的行为的，并以国家公权力保障实施的行为规范，因而具有意志性、规则性、抽象性、指向性和强制性等形而上的属性。抽象性意味着法律所针对的是一定范围内的抽象人，而不是针对某一具体的人，因此具有一定程度的平等、公平、公正和正义价值；意志性、规则性、指向性和强制性等具体属性，则是把法律中人的意志限制在统治者或立法者的意志范围之内，并辅之以国家强制力加以推行，因此法律具备了一定程度和范围的自由、安全、秩序和效率。自法律出现在人类历史中起，法律这一事物就由此具备了意志性、规则性、抽象性、指向性、强制性等形而上的属性，这些属性造就了法律一定程度和范围的平等、公平、公正、正义、自由、安全、秩序、效率等价值，因而为统治者或立法者所青睐。这些价值在法律上实现的程度取决于统治者或立法者所确立的法律目的及其对法律价值的不同选择。

在"民可使由之，不可使知之"的专制社会，绝大多数人被定位于权力所管束的对象，国家如何行使权力无须向个人展示理由，民众也无权要求国家公开权力运作的依据和过程。但是，给予决定的理由却是正常人的正义感所要求的。② 专制社会里的统治者将法律目的定位为效率、稳定和统治秩序，将统治者的意志用法律确定下来，并用国家机器加以强制推行。民众只能按照统治者的意志行事，而没有权利要求统治者说明理由。在这样的专制社会里，秩序价值是国家法律目的的首选，公正、平等、正义、自由、安全等法律价值也不同程度地被法律目的选中，但不属于全社会，只属于统治阶级内

---

① 参见王启富《法理学》，中国政法大学出版社 2013 年版，第 25 ～ 26 页。
② 参见［英］威廉·韦德《行政法》，徐炳等译，中国大百科全书出版社 1997 年版，第 193 页。

部的一小部分人群。这种无视正常人的正义感的对法律价值的选择，很显然是专制社会统治者所做出的主观性行为的结果。这种主观性很强的法律目的对广大社会民众来说是恶的，而不是善的，不可能给他们带来公正、平等、正义、自由和安全，带来的只有束缚和压制。"法律虽然定得很细致，但其目的并不好；而且，它的效力越大，其危险性也越大。"[①] 专制社会的法律由于被掌控在统治者手中，尽管因其内在属性而具有一系列价值定在，但那只是统治者的专属品，社会大众无法享有。

现代法治社会的进步在于，法律目的对法律价值的选择不再像专制社会统治者那样无视社会大众的正义需求，而是尽量充分考虑到法律效力范围内所涉民众的需求，充分考虑到经济社会发展现状和规律，力图将"平等、公平、公正、正义、自由、安全、秩序、效率"等法律价值推广到其效力范围内的所有民众，让社会共享。可见，现代法治社会中法律目的对法律价值的选择更加客观和公正，其客观成分在上升，主观成分在下降。但这依然避免不了法律目的对法律价值选择的主观性的存在。其主观性主要体现在法律目的对法律价值的权衡、爱好和偏重上。

总之，法律的目的是"法律要推行哪种价值"[②]。这种价值不是置身于法律之外的东西，而是法律本身所具有的价值定在。法律目的不同，法律本身各种价值的实现程度也就不同。法律目的对法律价值选择的主观性不仅体现在法律目的对某种或某些法律价值选择的偏好上，也体现在具体实施的程度上。专制社会的统治者虽然偏重于法律的秩序价值，但最终也未能维护好自己的统治秩序。现代法治社会中那种不尽如人意的法律实施效果及法律修改、废除等法律变动活动，也恰好证实了法律目的对法律属性及其诸多价值进行选择、权衡、偏重、推行和利用的主观性的存在。

（三）立法目的条款表述的主观性

关于立法目的条款是否应该设置，学界主要有三种学说：必设说、废除说和区分说。[③] 废除说认为，立法目的条款似乎没有存在的必要，它们根本

---

① ［法］托克维尔：《论美国的民主（上卷）》，董果良译，商务印书馆 1988 年版，第 264 页。

② ［美］埃尔曼：《比较法律文化》，贺卫方、高鸿钧译，生活·读书·新知三联书店 1990 年版，第 65 页。

③ 参见刘风景《立法目的条款之法理基础及表述艺术》，载《法商研究》2013 年第 3 期，第 51 页。

未被适用，最为根本的问题是立法目的条款并未准确地反映出立法机关在立法的其余部分所做的一切。除非有正当而合理的理由说明设置立法目的条款是必要的，否则，由于立法目的条款已经隐藏在看起来并无法律实质的条款中，而这一条款的目的很难为立法者所阐明，或者立法目的已相当清楚，没有必要在法律中专门予以表述，因此，最好的办法就是把立法目的条款省略掉。① 必设说认为，立法目的条款是各种法律文本的必备条款，缺少该条款的话，法律文本便不完整。例如，我国台湾地区学者罗传贤认为，目的条款为宣示性的概括条款，依现代民主国家立法的趋势，法律中应有立法目的的标示。有了立法目的，法规才能显示出其精神所在，并证明其合法性；才能为今后司法解释或者批判法律得失提供标准；才能使执法者不因情势变迁而致行为与立法目的背道而驰，或迷失正确方向；才能使手段配合目的，不因偏重手段而牺牲目的。② 周旺生认为，在法律文本中，立法目的的规定不宜缺少，制定任何法律都有立法目的，一般情况下，应当将这种目的形成法的条文。③ 区分说采取折中观点，认为应当根据法律的类别以及实际需要，具体情况具体分析，区别对待。例如，我国台湾地区学者苏永钦认为，"有些法律是任何一个社会发展到一定阶段必备的规范，像民法、刑法、诉讼法等，规定目的的意义就不大，我称之为秩序法。与此相对的则是政策法，其存在大概都有一个鲜明的目的，极致的形态则为措施法，法律根本只是政策的工具，一旦执行偏离政策，或实施的结果证明不具合目的性，法律就没有继续存在的正当性"④。英国学者弗里德里希·冯·哈耶克也持相似观点，他认为，"公法优先的信念来自这样一个事实，它是为了具体的目的，以意志的行为特意创设的，而私法则是一个进化过程的结果，从整体上说从来不是由任何人发明或设计的。创设法律的行为是出现在公法领域，而在私法领域，数千年的发展是一个发现法律的过程，在这个过程中，法官和法学家仅仅致力于对长期支配着行为的规则和'公正意识'作出明确的表述"⑤。

众所周知，立法目的是立法决策者决定制定或变动某个法律文本所希望达到的特定目标，指引着立法行为的方向，是立法者决定制定或变动某个法律文本所希望达到的特定目标。"法律通过向期望的新方向引导行为，实现

---

① 参见李林《立法理论与制度》，中国法制出版社 2005 年版，第 381 页。

② 参见罗传贤《立法程序与技术》，五南图书出版公司 1997 年版，第 233 页。

③ 参见周旺生《立法学》，法律出版社 2009 年版，第 485～486 页。

④ 苏永钦：《走入新世纪的宪政主义》，元照出版公司 2002 年版，第 415 页。

⑤ ［英］弗里德里希·冯·哈耶克：《经济、科学与政治》，冯克利译，江苏人民出版社 2003 年版，第 367 页。

社会转变的目标。"① 立法者必须首先明确立法的目的，才能进行具体的立法活动，否则若无的放矢，立法就会是多余的或者会因失去准星而杂乱无章。② 立法目的条款为该单行法提供了总的方向，其他所有法律条款所体现的法律目的都必须与之相协调，并为之服务。立法条款的适用不是体现在该条款的本身，而是体现在其他表现立法目的的条款的法律条文的适用上。"立法目的的条款并未准确地反映出立法机关在立法的其余部分所做的一切"只能说明立法目的的主观性，而不能作为废除立法目的的条款的理由。正是由于这种情况的存在，才需要立法者通过协调和研究来不断提高其对立法目的的认知能力，减少立法目的的主观性成分。

对立法目的条款的主观认知与客观实际存在偏差，必然会使立法条款表述带有主观性成分，这种状况在立法实践中具体体现为：立法目的条款较为抽象，缺乏具体性、可操作性。

现实可能性与抽象可能性是哲学上的一对概念。现实可能性是指，主体人根据其目前的主客观条件及自身能力，通过自身努力，较快可以实现的可能性；而抽象可能性是指，主体人以目前的主客观条件及自身能力无法实现，但通过不断努力，在主客观条件具备的情况下，未来可以实现的可能性。例如，考大学相对于高中生来说是现实可能性，而相对于小学生来说就是抽象可能性。身心平衡是人处于正常状态的标志，安全、秩序、稳定是社会处于平衡状态的标尺。一旦这种平衡状态被外力作用打破或产生新的平衡需求，人就会产生为了恢复平衡状态或满足新的平衡需求的动机。可见，动机源于失衡状态，能生长出行为的内生动力，朝着实现目的的方向迈进。这一过程要借助于人的自身能力及已经具备的主客观条件，才能实现既定的目标。因此，立法目的必须根据经济社会客观实际加以设置，才具体可行。"太概括的观念与太遥远的目标，都同样地是超乎人们的能力之外的；每一个个人所喜欢的政府计划，不外是与他自己的个别利益有关的计划，他们很难认识到自己可以从良好的法律要求他们所作的不断牺牲之中得到怎样的好处。"③

一般来说，一般法比普通法的立法目的更为抽象，下位法比上位法的立法目的更为具体。下位法是根据本地区的实际情况具体实施上位法而制定

① ［美］安·赛德曼：《立法学：理论与实践》，刘国福、曹培等译，中国经济出版社2008年版，第328页。

② 参见郭道晖《法的时代呼唤》，中国法制出版社1998年版，第317页。

③ ［法］卢梭：《社会契约论》，何兆武译，商务印书馆1982年版，第57页。

的，应当在立法目的上体现本地区的特点，如果没有适合本地区的特殊目的，那么也就没有本地区的特殊情况，适用上位法就可以解决问题，没有必要制定相应的下位法，以避免法出多门，人为地造成地区间的法律冲突，给司法实践带来不必要的麻烦，影响法律实效。

综上所述，法律目的是立法者所要追求的目标或结果，统领着全部法律条文，为它们指明道路的方向，使全部法律条文成为有机统一的整体，是法律的灵魂所在。因此，理性、客观、符合社会发展规律和自然规律的法律目的，是立法问题的关键，正如 20 世纪初美国社会法学派大法官本杰明·N.卡多佐所宣称的那样，"主要问题不是问题的起源，而是法律的目标。如果根本不了解道路会通向何方，我们就不可能明智地选择路径"[1]。然而，这种道路的方向源于立法者理性的选择，而理性又是外部世界作用的结果，"外部世界对人的影响表现在人的头脑中，反映在人的头脑中，成为感觉、思想、动机、意志，总之，成为'理性的意图'，并且以这种形态变成'理性的力量'"[2]。很明显，立法者的理性会受到其德行、品质、思想、理性、责任感、知识、智慧、价值观念、经济、政治、历史传统、民族文化、阶级地位等各种主客观因素的影响。这些因素的存在，使得不同时代的立法者、同时代不同的立法者对法律目的的选择和法律价值所关注的侧重点有所不同。立法目的条款是一部法律的指导思想，一般被置于该部法律的首部，将该部法律所有法律条款凝聚在一起，不仅必须设立，而且还要明确、具体、可行。"立法的指导思想，包括立法的宗旨、目的，是一部法律的灵魂。指导思想不明确，即使具体条款考虑得很细致很全面，也不能取得应有的效果。明确和坚持正确指导思想非常重要，是制定法律首先要解决的问题。"[3] 一旦立法目的不明确，或者过于抽象，抑或是脱离社会实践，则法律目的的主观性将不可避免。"金无足赤，人无完人"，立法者不是圣人，从人类历史长河的角度来看，法律目的的主观性正是人类立法活动所留下的历史印记。

---

① ［美］本杰明·卡多佐：《司法过程的性质》，苏力译，商务印书馆 1998 年版，第 37～38 页。

② ［德］恩格斯：《路德维希·费尔巴哈和德国古典哲学的终结》，中共中央马克思恩格斯列宁斯大林著作编译局译，人民出版社 1997 年版，第 150 页。

③ 姜春云：《姜春云调研文集：民主与法制建设卷》，中央文献出版社 2010 年版，第 28 页。

六、法律目的架构的思想高度

（一）法律目的构建的蓝图

单从法律目的本身来看，抽掉法律规范的具体内容，每一部门法或单行法的法律目的，无论立法者确定得是否准确，基本上都是一幅美丽的蓝图。例如，无论将经济法的法律目的确定为"维护市场竞争秩序，保护市场主体的合法权益"，还是将其确定为"保护社会主义市场经济良性运行"，都是人们所期待的社会主义市场经济的美好图景。

法律目的所勾勒出的美好蓝图，人们通过努力，完全可以在现实生活中将其实现。所以，我们单从法律目的本身很难看出法律目的的主观性。在法律目的确定之前，有一个法律目的的选择环节。该环节不能随心所欲，立法者不能停留在"凡是美好蓝图都可以被确定为法律目的"的认知阶段，应当站在一定的思想高度上对法律目的进行明智的选择。

（二）一定思想高度下法律目的的构建

1. 不同思想层次下的同一行为

同样的行为，在不同的思想层次下，其样态有着本质性差异。例如，企业的市场行为，放在以企业利润最大化为目的的思想层次下，最终可能走向企业自私自利的行为性质；放在为国家经济运行做贡献的思想层次下，其市场行为的性质则有着质的差别。"维护市场竞争秩序，保护市场主体的合法权益"与"保护社会主义市场经济良性运行"同样是在维护市场经济，但两者的思想层次存在着明显差异。前者站在市场主体的层次，而后者是站在国家经济运行的层次，是前者所无法比拟的。

法律不能强人所难，但拥有一定的思想高度是法律主体完全能够做到的，因为行为不变，没有提高法律主体的行为难度。况且，一定的思想高度可以消除法律主体有能力做而不想去做的心理，从而拔高法律主体的想法的层次。

2. 不同思想层次下的行为集合体

人的行为受人的意志的控制和支配。这里的意志内涵对一个人的行为集合体的样态起到决定性作用。利润最大化的思想层次下的企业行为集合体很少不含有唯利是图的行为元素，而为国家经济运行做贡献的思想层次下的企业行为集合体对唯利是图的行为具有排斥性。因此，法律目的选择的思想层次，决定着法律规范的内容，决定着法律目的的实现程度。

3. 一定思想高度下法律规范内容的构建

法律规范的具体内容不可能事无巨细、面面俱到。行为具有实践性，而社会实践是瞬息万变的，其细微之处只有行为人能够亲身体察，立法者是无法胜任这项任务的。法律规范的内容相当于法律主体行为的集合体，而这一集合体中的行为元素，不能由行为的表征来确定，而应由所有集合体中行为共通的基本性质来决定。这一基本性质非思想高度莫属。在这一集合体范围内的行为叫合法行为，否则便属于违法行为或法律不支持的行为。

法律是一种意志的体现，同时又是控制和治理社会的工具。法律运行机制的目标是构建尊重、友爱、互助、和平的文明社会。作为意志体现的法律，理应将其目的思想层次定格在这样的高度，并围绕这样的思想高度去构建法律规范的具体内容。

第六章 责任下法律运行机制
所涉及的基本问题的认知

人是法律运行机制的主体。法律运行机制所构建的样态和实质及其在社会实践中的运行状态和效果，取决于掌控法律运行机制的人的思想高度和对一般性问题的认知程度。如果这些问题不能很好地解决或模糊不清，那么，由人掌控的法律运行机制便很难有效构建，其在社会实践中的运行效果也难以得到有效的保证，其目标的实现就更无从谈起。

一、理论与实践的实质关联性

何谓理论？《辞海》对其做了如下界定："人们由实践概括出来的关于自然界和社会的知识的有系统的结论。"这个定义非常抽象，原因在于，"实践"是一种什么样的状态？什么是知识？知识又是怎样的状态？什么是系统？这些问题在《辞海》关于理论的定义中，都找不到具体答案。事物的概念是对事物的关键性特征进行描述，使人们通过事物的概念来认识事物的基本样态，从而在事物的万变状态中区分和把握事物。概念是认识事物的起点，如果概念不清，那么，对事物的基本样态也就不会有清楚的认识，从而更谈不上对具体事物的认识和把握。同样是人的胎儿，生物学意义上的概念与刑法意义上的概念截然不同。生物学意义上，胎儿是人，因为是人的胎儿，不是其他动物的胎儿；而刑法意义上，胎儿就不是人，即不是刑法意义上的人，否则，堕胎就是故意杀人行为，需要负刑事责任。

（一）理论的实质

一切从事实出发。据此，理论应当是一种认识，是一种人对外界事物发展脉络的认识，是一种人对外界事物客观规律的认识，是一种人对万变事物的"宗"的认识，是一种对事物的关键之处的认识。理论，不是知识的有系统的结论，也不是对客观事实可变的现象的反映，而是对客观事实的关键或"宗"的准确反映。知识的背后是事实，系统是同一事物的"万变"与"宗"或关键之处的联系，而不是不同事物的堆砌，更不是人的脑海中所谓的知识体系。

人的行为受人的意志控制。在现实生活中，有意为之、无心之举、故意犯罪、过失犯罪等，说的就是人的意志和行为之间的控制关系。

要保证行为的正确性，就必须对行为的效应或后果做出准确无误的判断。这时，理论的作用就自然会浮出水面。作为一种认识的理论，其直接作用于人的意志成分，正所谓"用理论来武装头脑"。但是，如果我们把理论原封不动地装进大脑，是起不到武装头脑的作用的。理论的实质是，其一，提高人们对外界客观事物及其发展规律的认识，使得人们的行为不至于因违背事实或违背事物的发展规律而变成无用功，导致难以通过行为实现人们的目的；其二，提高人们的智慧，使其因此而拥有聪慧的大脑，进而做有用之事；其三，通过理论学习和锻造来锤炼人们的大脑对外界事物信息的反应速度，使其及时有效地解决问题。

（二）知识与智慧间的关系[①]

根据《辞海》等有关权威资料，知识是指人们在改造世界的实践中所获得的认识和经验的总和；智慧是指人们对事物能迅速、灵活、正确地理解和解决的能力，是由智力体系、知识体系、方法与技能体系、非智力体系、观念与思想体系、审美与评价体系等多个子系统构成的复杂系统。

知识与智慧是两个不同的概念，且有着本质上区别。知识回答的是"是这样，而不是那样"的问题，其表现形式是技能、经验；而智慧回答的是"为什么是这样，而不是那样"的问题，其表现形式是辨析、判断和发明创造的综合能力。例如，18世纪的英国天文学家哈雷声称他知道了哈雷彗星的行为规律，并预报说这颗彗星将于1759年重新出现。这就是哈雷的知识体现，而如果要求哈雷回答"你是怎么知道的""这颗彗星的运行为什么有这样的规律""这颗彗星为什么会在1759年重现"等问题时，就涉及哈雷的智慧。哈雷的预见、爱因斯坦对引力场的判断及诸多料事如神的现象，主要体现的是智慧，而不是知识。

如果用雪花和雪球来比喻的话，知识就好比是雪花，而智慧就是把各种知识联结起来的雪球。从这个角度来看，智慧是各领域知识的实质关联性的联结，是万变事物背后的"宗"，其力量要远远大于知识的力量。从现象和

---

① 参见杜国胜《司法口才理论与实务（修订版）》，中国政法大学出版社2022年版，导读第3～4页。

实质这对概念上看，"知道现象"属于知识层面；而通过现象看清事物隐藏在其背后的实质，则需要人们的智慧头脑。我们可以这样形象地解读智慧：智慧是把两个看似毫不相干的事物联结起来的能力，或者是识别出两个看似联系比较密切的事物实为两个不相干的事物的能力。

有知识不一定有智慧，文盲也可能具有超越常人的智慧。唐代佛教禅宗祖师慧能不识字①，但他是中国历史上有重大影响的思想家之一，代表着东方思想，与先哲孔子和老子并列为"东方三大圣人"。

知识和智慧都是一种联结，知识中的联结是有维度的，具有有限性；而智慧中的联结是没有维度的，具有无限性。知识的联结只是智慧联结中的一个组成部分。万事万物中的道理是相通的，知识是孤立的，要靠智慧来打通。如果我们把智慧比作一条线条，那么，知识就是这条线条中的一个线段。知识只有处在智慧这条线条之中，才是真知。智慧的联结是四通八达的，如果在某一处被阻断了，某种程度上就相当于残缺。得失思维、功利思维等诸多非合理思维之所以要受到批判，便是因为这种思维一旦遇到得失、功利等因素，就会使其他更合理的思维无法充分运行。

将理论知识运用于社会实践，就是将实践中出现的问题与某种特定的知识联结起来。可见，解决社会实践中出现的问题，表面看是靠知识，实质上需要依靠智慧之联结。如果没有具有智慧的大脑，所有的知识便都是纸上谈兵，无法被运用于社会实践，无法解决社会实践中出现的问题。理论与社会实践脱节，问题不一定出在理论上。

（三）理论与智慧的关系②

尽管理论是一种彼此相互联系的知识体系，但理论来源于人类社会的生

---

① 通常意义上，人们把知识与识字、读书联系在一起，读过书的人便有知识，没有读过书的文盲便没有知识。从哲学上主客观一致的原理角度来看，"知识"一词描述的是知道、识别了客观事物的真伪这样一种状态。因此，凡是具备这种状态的人便是有知识的人，这才是知识的实质性内涵，与是否识字的状态无关。知识是一种认识自然的能力，而这种能力，人们可以通过亲身实践去把握，可以通过读书来掌握，可以通过向别人请教来学习。有鉴于此，读书只是人们掌握知识的一种路径，而且还算不上最快的捷径，能够掌握最快的捷径的条件之一是拥有悟性高的灵活大脑。由此看来，慧能大师不识字，不代表其没有知识。每个人都是一本书，只不过是书的质地存在差别罢了。有的人脑子里装的是别人的书，优秀者则是汲取了各方面及各种途径中的营养，形成了自己独特的、耐人寻味的好书。另外，书里的知识实质是来源于社会大众的实践。——笔者注

② 参见杜国胜《司法口才理论与实务（修订版）》，中国政法大学出版社 2022 年版，导读第5 页。

产和生活实践，因此，它是人类实践的结果和经验总结，是过去的、特定的及碎片化的；智慧则是同类事物之间或不同领域事物之间的实质性联系，是人脑对宇宙中万物跨越时空的联系的反应能力，是过去的、现在的、将来的、一般化及整体化的。

理论与智慧的关系是手段和目的的关系，是入口食材与食材在体内被消化酶消化之后所形成的营养成分的关系。学习理论，不是通过记忆或理解把所学的理论知识原原本本地装进大脑，也不是大脑里装的理论知识越多越厉害。如果那样的话，现代人都比古人厉害得多。况且，现实中人们的状态实质上也并非如此。那些阅读了大量某种专业领域书籍的专业人士与非专业人士的区别是，他们能就所涉专业领域的问题很快做出反应。对于某些社会实践中出现的问题，能否做出反应、能否迅速而准确地做出反应，是衡量人们能力高低的标尺，也是衡量人们智慧高低的标尺。对外界事物的信息能够迅速而准确地做出反应是智慧的最高境界。

人们学习理论知识的目的，不是只把所学的理论知识装进大脑里，而是将理论知识在大脑里进行消化，并将其转化为智慧成分，练就对外界事物的信息能够迅速而准确地做出反应的高超能力，从而拥有聪慧、灵敏度高的大脑。从人的两大组成意志和行为的角度来看，理论首先作用于人的意志部分，形成智慧的大脑，然后指引人的行为，作用于社会实践。由此可见，理论是否能够正确指引人们的社会实践，不是取决于理论的正确与否，而是取决于能否通过理论的学习练就聪慧的大脑，依据规律对事物做出正确预判。

（四）理论作用于实践的实质性途径

人们习惯将理论与实践之间的关系表述为：理论来源于实践，又反作用于实践，对实践起到明确的指引作用，实践是检验理论正确与否的手段和途径。这样描述理论与实践之间的关系，过于抽象，而且不符合理论与实践相互作用的实然图景，容易使人们得出一些主观性结论：理论是抽象的、空洞的，实践是具体的；理论与实践经常脱节；理论工作者与实践工作者是完全不同的；理论是"高大上"的，实践是贴近社会现实的；等等。

从人由意志和行为两个部分组成来看，理论具有人的意志规定性，用来提高人的意志质量，提高人们认识外界事物发展规律的能力，提高人的智慧，以及提高人对外界信息的准确感知和迅速有效的反应能力；实践具有人的行为规定性，实践者通过其行为利用自然、改造自然和改造人类社会。由于人的行为受其意志支配，而智慧是人的意志的重要内涵，因此，理论作用于实践的实质性途径是：理论—意志—行为—实践。由此可见，理论首先作用于人的意志，使得人变得更加智慧，然后用智慧的大脑指引人的行为，再通过智慧的行为利用自然、改造自然和改造人类社会，最后形成社会实践。无论理论正确与否，经过智慧的大脑的过滤，通常都能正确地指引社会实践。实践跟人的大脑有关，跟理论正确与否没有太直接的关联。

（五）实践对理论的检验性误区

理论的使命和责任是帮助人们发现事物的发展规律和事物的关键之处，帮助人类提高智慧、提高认知能力。理论当然需要足够的社会实践材料作为理论研究的证据，有时也需要接受实践的检验，但是，不是所有的理论都需要通过社会实践来证明，也不是所有的社会实践所证明的理论都一定是完全正确的。

1. 一些对未来的预见是当时的社会实践所无法证明的

这个事实在爱因斯坦身上体现得淋漓尽致，如爱因斯坦提出的宇宙引力场的存在，是爱因斯坦时代的物理学实践无法加以证明的。针对这种情况，当时的科学家如果因为没有得到或无法得到物理学实践的有效证明或检验，而采取不屑、怀疑、嘲讽、攻击等不良手段对爱因斯坦发起责难，那一定是不恰当的，而且会耽搁基于引力场的发现或预见而应当从事的关于宇宙之谜等问题的探讨和研究。同样，企业家对商机到来的预感，也是无法用实践加以证明的，如果等到实践来证明企业家的这种预感是正确的话，也会同时失去其应有的商业价值，而商机是稍纵即逝的。这方面的事例，在社会现实生活中不胜枚举。

专家的一些预判，并不是无中生有，而是在长年累月地对某一领域进行思考和研究的基础上得出的，具有很强的专业敏感性。这种能力是常人难以企及的。如果要等到社会实践证明是正确的之后，才去相信这种预判，人们很可能会失去良好的机会。

2. 实践证明出来的结果不一定在各个方面都是对的

对与错，不能用人们的主观价值观来判断，而应当用事物发展规律、事物发展脉络、事物的关键之处及自然规律来衡量。"二战"之后，西方社会数十年的经济飞速发展，看起来似乎是对的，但其对自然环境造成的不可逆的损伤，是对自然规律严重违背的结果，这又是铁的事实。

战争所证明的结果，在不同的人看来，会得出不同的结论。过往曾发生的以美国为首的一些西方国家发动、参与、挑唆的那些战争，从全世界的角度来看，实践证明是灾难性的；而从美国等一些西方国家的角度来看，实践证明这对它们是很有价值的。

理论会出错，实践同样会出错，其根本原因在于人，在于人的智力和智慧。如果人类没有聪慧的大脑，很难有发现事物发展规律、发现事物发展脉络、发现事物关键之处及发现自然规律的能力，进而很难形成或识别正确的理论，实践也逃脱不了这样的命运。这种情况下，用错误的实践证明错误的理论，无疑是用谬误证明谬误。人类经过几千年的发展，产生过无数理论，具有无数社会实践，但一定程度上人类至今仍然生活在不够和谐安定的世界中。

二、理论工作者与实践工作者的关系

在现实生活中，人们常常把理论工作者与实践工作者截然分开，认为理论工作者是从事理论研究的，通常被称呼为学者、某某学家或某某领域专家等；而实践工作者是从事实际操作的，工人、农民、军人、商人、律师、政府公务员等社会各界工作人员，是典型的实践工作者。由于理论是人的意志活动的结果，常常会因脱离实践、脱离实际，而成为假、大、空的谬论，所以需要通过实践来检验其正确性。由此看来，人们对理论工作者与实践工作者区分看待，具有一定的合理性，有一定的道理。然而，在看到两者区别的同时，还要看到两者之间的密切联系，不能简单地看待和处理两者间的关系。理论工作者与实践工作者之间的区别与联系，具有内在规定性，两者的共同之处最终会落脚到人类的智慧上。

（一）理论工作者与实践工作者之间形式上的区别

1. 工作所涉及的面不同

"术业有专攻""什么都会，什么都不会""万金油，什么都会一点，但什么都不精"，这是社会对实践工作者关于专业性的一些描述。"干一行，专一行"的意思是，从事某一行业，必须专心致志，不能三心二意。由此可见，实践工作者所涉及的面具有有限性，不能每个行业领域都涉猎一下，那样的话，专业技术通常会处于不精的状态。每个行业的实践工作者，都有自己特定的专业领域。中国民间流传着一句俗语——"隔行如隔山"，这就是指实践工作者的工作所涉及的面的限定性。

相较而言，理论工作者的工作所涉及的面，在形式上要广于实践工作者，因为理论工作者的素材不能局限于某个领域。例如，法学家的视野不能仅局限于某个部门法领域，还要涉猎整个法学领域，乃至广泛涉猎哲学、政治学、经济学、社会学、教育学、心理学等人文社科领域，以及自然学科领域。唯有这样，才能提炼出合乎事物发展规律的法律意志，才能推动法律向合理方向运行。这是由理论工作者工作任务的特殊性决定的。

2．工作任务不同

理论工作者与实践工作者的工作任务有着实质性不同。实践工作者的工作任务是由实践的特点决定的。实践讲究的是在处理实际问题的过程中，要对外界信息的变化时刻保有准确、迅速、有效的反应。专心于某一行业，就是要练就对实践工作中具体操作的快速反应能力，做到熟能生巧。实践工作者的工作任务不仅是解决实践问题，还要对实践中出现的问题的发现、分析、处理具有准确、迅速、有效的反应能力。否则，即便实践工作者将实践中出现的问题解决了，也可能早已失去了其应有的实践价值。人们在实践中遇到的问题，通常需要被迅速有效地解决，否则，人们的实践工作就会停滞，实践工作效率就会降低。这正是社会需要熟练工、重视一个人的工作经验的根本原因所在。

与实践工作者的任务不同，理论工作者的工作任务不是实践工作者的具体工作实践，不是实践工作者工作经验的积累，也不是实践工作者处理实际问题的迅速反应能力，而是人们的正确合理的思维方法的构建，以及对事物发展规律、事物发展脉络、事物关键之处的研究和发现。理论工作者不一定是某个领域的实践好手或实践高手，但理论工作者能够帮助培养实践好手或实践高手。从这个意义上来说，理论对实践起着指导作用。然而，由于部分理论工作者可能会违背理论工作的规律，其研究出来的理论，没有揭示出正确合理的思维方法，以及事物发展规律、事物发展脉络、事物关键之处，存在谬误，给实践工作者带来了错误的指引，导致实践工作者工作失败。这便是人们将理论看成抽象空洞之物，认为其与实践脱节的根本性原因。

（二）理论工作者与实践工作者的实质性联系

1．理论工作者的研究成果为实践工作者指明方向

探寻自然规律、探寻客观事物发展规律、探寻客观事物发展脉络、探寻

客观事物关键之处、研究思考问题的合理思维方法，是理论工作者的主要任务。正是这样的任务性质，决定了理论工作者的研究成果起着为实践工作者的工作指明方向的作用。实践工作者不是盲目地实践，在实践过程中，其必须按照事物的客观规律和自然规律做事，否则，将遭到事物发展规律和自然规律的惩罚。

理论工作者的工作不是把客观事物的"万变"变成知识，而是透过客观事物的"万变"，研究和探寻事物的"宗"或事物的关键之处，研究和探寻事物的发展脉络及其发展规律。理论工作是要寻求不变的东西，从而为实践工作者提供方向，避免实践工作者在实践过程中被变化中的事物带偏方向，降低实践的效率。理论工作者的研究成果为实践工作者提供发现问题、分析问题和解决问题的合理思维方法，使其保持思路清晰，以免遇到问题时束手无措。

2. 实践工作者为理论工作者的理论研究提供丰富的素材

理论工作者的理论研究不是凭空开展的，而是需要从实践工作者那里获取丰富的素材作为研究的佐证材料。社会实践既丰富，又处在不断变化的状态之中，理论工作者应当时刻关注社会实践的变化，以不断修正其理论研究结论，达到以不变应万变之宗旨。

当然，理论工作者面对实践工作者所提供的丰富的实践材料，不能在表面上做文章，应当透过现象看实质，在同类事物中找到它们的共同之处，即事物的关键之处。

只要具有足以发现事物发展规律、事物发展脉络及事物关键之处的过人智慧，理论工作者的研究工作不必局限于古今中外的实践和理论材料，就能通过合理的思维方法、利用有限的素材，发现规律和事物的关键之处。

3. 理论工作者帮助实践工作者提高处理实践问题的智慧

如前所述，理论作用于人的意志成分，不仅作用于理论工作者的意志成分，还作用于实践工作者的意志成分。理论与实践的关系不是简单的来源和作用的关系，而是共同提高人类智慧的关系，这才是理论价值的本源。无论是理论工作者，还是实践工作者，都具有意志和行为；无论是理论研究行为，还是实践行为，都要受到人的意志的支配。人的行为不能违背事物的发展规律和自然规律，否则就要受到规律的惩罚。

要想使自己的行为符合事物发展规律和自然规律，就必须拥有聪慧的大脑，以提高支配行为的意志质量。由于实践工作者的工作性质和工作领域的局限性，从事实践工作的人不可能做到行业均沾、门门精通，因此，他们对规律的了解和把握通常仅限于某一行业领域，其正确性是相对的。处于自然界之中的各个行业或领域，实质上是相通的，专业领域的规律受到所有行业领域通行规律的支配、作用和影响，而所有行业领域通行规律又受到自然规律的支配、作用和影响。如果将专业领域从所有行业领域中独立出来，从自然界中独立出来，或将目光仅限于专业领域，那么，所得出的对专业领域内事物的认识，可能是有所偏颇的认识。

实践工作者一般难以跨越行业领域的藩篱，所以才有"隔行如隔山"之说。这时，理论工作者就应运而生，他们可以跨越时空、地域、领域的限制，将古今中外各行业领域的实践作为其理论研究工作的素材加以研究，探寻自然界所有事物共通的发展规律和自然规律。各领域的理论研究，一般应当以所涉专业领域为基点，广泛涉猎其他领域，探索领域之间的共通之处，才能避免某一理论研究领域的偏颇认识，为实践工作者提供合适的方向，提高实践工作者的认知水平。倘若理论工作者的理论研究只局限于某一专业领域，那么此种理论研究将跟不上该专业领域的实践变化，会逐渐处于落后于实践的地位，这样不但不能指引实践，就连理论工作者自身的智慧也很难提高。

4. 理论帮助实践工作者纠正错误的认识

人的意志实质上就是人这一生命体对外界信息的感知，并在大脑中对其进行反应和加工，得出对外界信息的正确认知，然后付诸行动。从语言的第一大基本功能来看，"智慧"一词描述的是人的意志状态，是人的意志处于对外界信息进行感知、做出判断和筛选、做出迅速反应的状态，因此，敏锐的感觉及反应速度是智慧的实质性特征。

智慧的提高是一种过程，是在正确思维方法的指引下用心思考，并时刻持续、不停锤炼的过程。"无形—有形—无形"是智慧提高的运行轨迹。该轨迹中的第一个"无形"指的是，未经过有形训练的人的初始感觉，其特征是杂乱无章的无形状态。该轨迹中的"有形"指的是，在正确思维方法的指引下，持续、不断地进行思考锤炼的过程。该轨迹中的第二个"无形"对比第一个"无形"，发生了质的变化。其经过了大脑不断锤炼的过程，人的大脑对外界事物信息的感知与反应达到了迅速有效的感觉程度，甚至不需要通过大脑，人的机体就能迅速而准确地做出反应。

理论工作者帮助实践工作者提高处理实践问题的智慧，有一个有形的过程。这个有形的过程，实际上就是人们常说的"理论对实践的指导作用"。然而，"理论对实践的指导作用"这句话较为空泛，它并没有告诉人们理论是如何指导实践的，以致人们对理论的指导作用只停留在认识层面，而无法加以实践，这就形成了理论无用论、理论空洞论的错误认识。在这个有形的过程中，理论对实践的指导作用主要体现在，理论对实践工作者的错误认识进行纠正，不断提高实践工作者对外界客观事物及其发展变化的规律的正确认识，以提高他们的智慧。可见，理论存在的价值处于实践工作者的智慧提高的有形阶段。

5. 理论工作与实践工作归根于理

理论工作者与实践工作者归根于智慧，即都必须具备智慧的大脑，都必须对问题处理具有迅速有效的反应能力和反应速度。而理论工作与实践工作则归根于理，归根于事物发展之理，归根于事物的发展规律和自然规律，归根于事物的关键之处。

俗话说，"隔行如隔山"，还有"隔行不隔理"，乍看起来，两者似乎是矛盾的、对立的，但实质上，两者并不矛盾。从实践的细节、技巧、变化等多变的表象来看，"隔行如隔山"是完全正确的。理论工作也是一种行业，即理论研究行业。看似理论研究这一行业广泛涉猎不同领域的社会实践，但其实，理论研究工作也是专一的，其专一于对合理思维方法的研究，专一于对事物发展规律和事物关键之处的研究，专一于对自然规律的研究，确实适用"术业有专攻"之理。而从另一个方面来看，"道理是相通的"，"一通百通"。不管从事哪种行业，其中所蕴含的基本道理都是相通的。行业的划分只不过是人类对自然界进行的人为的领域划分，而自然界是一个相互联系、相互影响、相互作用的整体。从这一角度来看，也确实是"隔行不隔理"。

法律运行机制的各构成要素中主体的一系列行为，当属社会实践行为；相应地，法律运行机制中各构成要素中的主体当属实践工作者，而非理论工作者。然而，法律运行机制中各构成要素中的主体不能拘泥于理论与实践的界线划分，要让法律运行机制在社会实践的运行过程中汲取各方面的营养，同时不断提高自己的智慧，提高对外界信息感知与反应的能力，提高应对问题的有效反应速度。理论与实践的区分不是最重要的，拥有智慧的大脑和敏捷的处理问题的反应速度才是重中之重。

6. 理论与实践统一于较高的思想高度

人若没有思想高度较高的理论，就难以较好地发现事物的规律；而没有思想高度较高的实践，就是盲目的实践。没有较高的思想高度，理论与实践通常就会偏离事物规律和自然规律的轨道，其正确性难以保证；没有较高的思想高度，理论与实践就难以产生智慧。真正的理论是较高的思想高度下的理论，真正的实践是较高的思想高度下的实践。较高的思想高度是理论的生命力，同时也是实践的生命力。

三、规律

（一）规律的定义

什么是规律？百度百科将规律界定为：①自然界和社会诸现象之间必然、本质、稳定和反复出现的关系；②有节奏的，不是杂乱的；③规章律；④事物之间的内在的必然联系，决定着事物发展的必然趋向，规律是客观的，不以人的意志为转移；⑤谓整齐而有规则。① 由此可见，该定义至少存在下列三个问题：①自然现象和社会现象是不同类、不同种及不同属（即不同集合体）的现象，自然现象和社会现象也各自有同类与不同类、同种与不同种、同属与不同属之分，即同一集合体与不同集合体之分。规律是同类、同种、同属现象之间或同一事物（即同一集合体中的事物）的万变现象与事物的实质要素或关键要素之间的必然联系，不同类、不同种、不同属现象之间或不是同一事物（即不是同一集合体中的事物）的万变现象之间没有必然的联系。②规律不能用有节奏、不杂乱等词语进行描述，因为，有节奏、不杂乱等词语描述的是事物的现象，而其背后起关键作用的控制力才是规律。规律中的"律"是指控制或约束，而不是指节律。③规律是人造的，不一定能够准确反映客观事物的发展规律，可能不具有规律的客观性，其本身也应当接受事物发展规律的检验。因此，我们不能将规章律等同于规律。

运动是绝对的，静止是相对的，事物在外力的作用下，永远处于运动变化之中。规律是事物的规律，是事物运动变化的规律，但事物的变化和运动状态是多样化的，是"万变"的，而规律却是不变的，它不是在描述事物运动变化过程中的"万变"状态，而是在描述事物"万变"背后的"宗"、本质、实质或关键要素的运行状态及运行过程。事物的"宗"、本质、实质或关键要素存在于事物发展过程中，不可或缺，这便是规律。换句话说，规律是事物的"宗"、本质、实质或关键要素的运行过程；或者说，规律是事物宗的要素、本质要素、实质要素或关键要素的集中体现（为表述简洁，下文

---

① 参见百度百科"规律"，https://baike.baidu.com/item/%E8%A7%84%E5%BE%8B/3311038?fr＝aladdin。

将宗的要素、本质要素、实质要素或关键要素统称为关键要素）；又或者，规律是关键要素与事物现象之间的必然联系。

（二）规律的作用

规律是对事物的存在或发展的必然性的描述，"有……必然有……" "无……必然无……"是一般规律的表达公式。在人与人交往的社会实践中，人们无非在做两件事，一是判断，判断事物是否存在；二是预测，预测言行的结果，预测未来。据此，规律有三个方面的主要作用：①作为判断事物是否存在的标准；②作为对事物未来走向做出准确判断的客观依据；③使人们认清事物的本来面目。

1. 规律是判断事物是否存在的标准

"自以为是"中的"是"之所以不存在，就是因为认识事物里的"认识"不是其关键要素的运行过程。例如，没有把握智慧的关键要素，并潜心走在智慧的铸就之路上，就不可能拥有过人的智慧，"拥有过人智慧的宣称"只不过是自以为是的宣称；不专心致志地做事，不能把握做事的关键要素，整天患得患失，就做不好事情，更谈不上把事情做到极致。"做事要用心" "手头上事无小事" "干一行爱一行，干一行专一行"等人们时常挂在嘴边的话语，实质上就是在描述"结果性事物"存在的规律性。规律是判断事物的标准，是判断事物是实在还是虚在的唯一标尺，是检验事物是否存在的试金石。

2. 规律是对事物未来走向做出准确判断的客观依据

规律不仅是用来判断事物是否存在的标准，还是对事物未来走向做出准确判断的客观依据。例如，多行不义必自毙；善有善报，恶有恶报；种瓜得瓜，种豆得豆；等等。按照客观事物发展规律来做事，虽然也可能会出现不合乎规律的结果，但那通常是某个环节出现了问题，是规律中的关键要素没有被贯彻到底，而不是规律本身的问题。

3. 规律使人们认清事物的本来面目

探寻事实真相与探寻事物规律一样，是人们永恒的追求，因为，人们一般都不愿意生活在虚假而不真实的世界里。伪装在自然界和人类社会中都普遍存在，尤其以人类社会更甚。在自然界，有些生物为了生存和自保，会将自己伪装起来，以迷惑来犯之敌；在人类社会，意志与意志表示不一致、意志与行为不一致、言行不一致、表里不一致等现象大量而普遍存在。部分人为了实现自己内心不可告人的目的，想方设法将自己伪装起来，欺骗他人，欺骗集体，欺骗社会，欺骗国家。这种欺骗，在民事法律中叫作欺诈，在刑事法律中叫作诈骗。

揭穿伪装，揭露真相，不能单单靠"日久见人心"的时间上的耗损，而应该靠对事物运动发展变化的规律和自然规律的认识和把握、对规律中关键要素的把握，因为规律是关键要素与事物现象之间的必然联系。

（三）规律的特性

从规律的概念及作用来看，规律具有以下这些主要属性：必然性、客观性、过程性、普适性（跨越时空性）、层面性、强制性、可判断性、可预见性。其中，规律的可判断性与规律的可预见性在前文"规律的作用"的论述中已经阐明，此处不再赘述。

1. 规律的必然性

"万变不离其宗"，"万变"是同一事物、同种事物、同类事物发生的不同的现象变化，例如，一个人的不同言行，同一种人的不同表现，人类中各种各样的人，自然界万物的各样形态，等等。事物的"宗"或事物的关键要素是藏在事物所有变化之中的，也就是说，事物的万变里都含有"宗"。我们可以用以下公式表示事物的构成：事物＝现象＋宗。由此可见，规律就是事物的"宗"的制约。因此，把握了事物的宗，就把握了事物发展变化的规律。从表面上来看，事物的关键要素的集合体，是一个点；但如果将这个点放在历史时间长河里进行展开，那就是一条轨迹线。

可见，规律具有必然性，决定了事物的必然存在和未来的必然走向。一个有良心的人，即便其言行偶然伤害到了他人，也可以断定的是，这不是其有意而为的，不存在恶意伤人的情况。这便是有良心者内心的规律规定性。规律的必然性，必须是事物的关键要素与事物现象之间的必然联系，而不是事物现象与现象之间的联系。虽然事物现象与现象间也有必然性联系，但不是规律中的必然性联系。

规律中的必然性必须是同类事物、同种事物、同属事物或同一事物内的必然性联系，是同类事物、同种事物、同属事物或同一事物中现象与其关键要素之间的必然联系。不同事物之间必然的横向相互作用、相互影响的变化式联系是不确定的，不具有规律中的必然性，只是现象存在的必然性，例如，一个事物的发展变化必然引起相应事物的变化，这是不同事物间因相互作用而发生的变化现象，不是事物的发展规律。自然界万物之间都是相互作用、相互影响的，一个事物在受到另一个事物发展变化作用的同时，可能还会受到来自四面八方的事物所施加的直接的或间接的作用力，因此，该事物所发生的变化不一定是受到另一个事物发展变化作用的结果。可见，一个事物在受到另一个事物发展变化作用时所发生的变化，可能混杂在众多事物合力作用所引发的变化之中，难以被人们认识。变化是笼统的、抽象，任何事物都在时刻发生变化，难以捕捉，更难以把握，而规律却是可以把握的。因此，"必然有变化"中的"必然"是现象之间的联系，不是规律；"必将在事物关键要素的作用下发生一定的具体变化"中的"必然"，才是规律中"必然"的规定性。

2. 规律的客观性

规律是事物的关键要素与事物的现象之间的必然联系，是事物的"宗"与事物的"万变"之间的必然联系，是事物的实质与事物的形式之间的必然联系。这些必然联系是客观存在的，不是主观想象的。我们不能用主观想象代替规律的客观存在。

规律的客观性告诉人们，不仅要不断提高看清事实真相的能力，还要不断提高对规律的认知能力，不断提高对事物的关键要素的认知能力，也就是说，要培养人们透过事物的表象看到事物的实质的能力，透过事物的万变看到事物的"宗"的能力，透过事物的不同方面看到事物的关键要素的能力。

3. 规律的过程性

规律是事物基于自身的关键要素的推动的运动、发展、变化的过程，可用公式表示为：规律 = 关键要素 + 过程。规律是一种过程，是在事物关键要素作用下的不断运动的过程。在这一过程中，可能会有各种各样的阻力使得事物在运动过程中发生变异，出现各种各样的变化现象（事物的"万变"），从而延缓了规律性结果的呈现。关键要素在规律的过程性当中起到的是决定性作用，规律的过程是关键要素的运行过程。

4. 普适性（跨越时空性）

规律是事物关键要素的运行过程，只要事物的关键要素存在，事物的运行规律就存在，而不问时间或空间的不同。也就是说，规律具有跨越时空性，无论是过去、现在，还是将来，也不论是在宇宙空间的哪个角落，事物都是在自身关键要素的作用下不断运行的。这就是规律的普适性。

规律的普适性也来自规律的必然性和规律的客观性。只要某一事物存在，该事物运动发展变化的规律就必然存在，不以事物的时空样态为转移。

同样，事物运动发展变化的规律是客观存在的，不以人的意志为转移。这里的人不是特指某个时空中的人，而是指所有时空中的人，这是规律的普适性的很好的体现。又由于规律具有稳定性，因此，规律的客观存在不是像其他具有生命周期的客观存在那样呈周期性，而是可以稳定地存在。例如，"感知—反应"是宇宙万物的共通之处，是宇宙万物存在的规律，具有不以人的意志为转移的客观性，且具有稳定和不变的特质。只要宇宙万物没有全部消失，宇宙万物感知与反应的存在规律就永远存在，其普适性也是显而易见、不容置疑的。

5. 层面性

就某一事物来讲，首先，该事物是以个体的概念存在的；其次，是以种的概念存在的；再次，是以属的概念存在的；复次，是以类的概念存在的；最后，是以自然界万物或宇宙万物的概念形式存在的。前文已经论述过事物本质的层面性。自然界万物就像一棵树，其中，自然界是树根和树干，各种类的概念是这棵树的树枝，各种属的概念是各种类的概念的分枝，各种种的概念又是各种属的概念的分枝，而各种事物则是各种种的概念上的枝叶。据此，我们按照所涉面由大到小排序，可以得出以下几个层面的规律：自然界层面的规律（即自然规律），类的概念层面事物的规律，属的概念层面事物的规律，种的概念层面事物的规律，个体的概念层面事物的规律。各层面事物的规律，都是各层面事物集合体中关键要素的运行过程。

（1）自然界层面的规律。

作为自然界万物的"树根"和"树干"，自然界中万事万物都源于自然，归于自然。"感知—反应"是宇宙万物的共通之处，当然也是自然界万物的关键要素之一。自然界中的万物之所以多种多样，就是因为"感知—反应"这一关键要素运行的结果。感知外界信息的有无、多寡、程度、准确度，又因之对外做出反应的有无、多寡、程度，这种感知的无数种不同的样态，加上无数种不同的反应样态，所得到的排列组合的结果是无穷的，这无穷构成了自然界中的万物。

由"感知—反应"衍生出来的生存与自保，是自然界万物的另外的关键要素。万物对外界信息的感知与反应，以及根据感知与反应所做出的运动，都是为了事物自身的生存和自保。生存和自保是维系自然界万物存在的关键要素或基本要素。没有自保下的生存，事物是不可能存在的。当事物已经无法自保了，其生存也就很难保证了。

自然界中万物的这两种关键要素，彼此是相互联系、相互作用、相互影响、相互促进的，构成了自然规律。也就是说，自然规律是感知与反应、生存与自保等关键要素的运行过程。自然规律作用的结果是促使自然界万物之间趋于平衡状态。自然规律是自然界万物运行规律的基础，贯穿于万物其他层面的规律。

（2）类的概念层面事物的规律。

类的概念层面事物是自然界万物之树的第一个分枝，如动物类与植物类，生物类与非生物类，人类与其他动物类，等等。我们要把握类的概念层面事物的运动、发展与变化，就必须把握类的概念事物的规律，也就是要把握类的概念事物的共通之处，即规律中的关键要素。类的概念事物中的关键要素是类的概念事物集合体中共通的元素或基本元素。例如，位移、情感、五官、大脑等是动物类的共通之处，也是动物类的关键要素。动物类的所有活动或运动轨迹都是这些关键要素控制下的运动过程，即动物类的运动发展变化的规律。又如，情感、头脑、主观、能动性、认知等，是人类的共通之处或关键要素，控制着人类的所有活动或运动轨迹。人类活动或运动规律就是这些关键要素的运行过程。

类的概念层面事物的规律离不开自然规律的作用，它是在自然规律作用下运行的，不能偏离自然规律。例如，人类的经济活动看起来是按照经济规律运行的，但"二战"后，西方社会无节制地向自然界索取，没有顾及自然界的承受能力，导致了自然环境的恶化，使其失去了部分自我调节能力。这是人类对自然界的破坏行为，必然会遭到自然规律的惩罚。

类的概念层面事物的关键要素，如人类的情感、头脑、主观、能动性、认知等，是在自然规律中的感知与反应、生存与自保等关键要素的推动下运行的。人们离开自然规律，是无法理解和把握事物其他层面上的规律的。自然规律就像动物身体里的血液，无时无刻不在其周身运行，为其生存提供必需的养分。

同理，属的概念层面事物的规律、种的概念层面事物的规律、个体的概念层面事物的规律，都有其自身集合体中的共通之处，即关键要素。这些不同层面事物的关键要素的运行过程，构成了不同层面事物的规律，但都离不开自然规律中的感知与反应、生存与自保等关键要素的作用和推动，也不能与自然规律相悖。这就是说，其他概念层面事物规律中关键要素的寻找和构建，必须来源于自然规律中的感知与反应、生存与自保等关键要素的直接作用的结果，或者是与之有实质性或本质性的联系，而不是所有共通的表象性特征都能成为规律中的关键要素。

事物的规律与自然规律之间的关系告诉人们，认识事物不能仅仅停留在事物的规律层面，更不能停留在事物表象性的共通之处，而应当深入自然规律层面，将认识事物的面扩大至自然层面，将事物的规律与自然规律结合起来进行认识。唯有如此，才能真正认识和把握事物运动、发展、变化和消亡的规律。

6. 强制性

所谓强制性，实质上是力的作用，是向心力对离心力的作用，最终使被强制的对象回归到某种标准线上来。这种标准线有规律、法律、法规、规章、制度、纪律、伦理、行规、各种标准、强势者意志等。例如，对于违法犯罪者，法律通过对其施加国家强制力，促使该行为人的意志，回归到法律意志上来，以消除违法犯罪者的离心力。又如，价值规律中，价格的离心力在价值的向心力的作用下，最终回归到价值这一标准线上。

规律的强制性与人为规则的强制性不同，人为规则的强制性的重要特点是，规则是人为的和可见的，主观性成分比较多；而规律是不可见的，是客观存在的，不以人的意志为转移，需要人们认识和把握。可见的规则意味着人们对其强制性是有感知的；而对于不可见的规律，由于人们对其强制性的感知需要时间，所以要到不利结果出现时，人们才能感知到这种强制性的存在，如人类行为对自然环境的破坏。即便是这样，如果人们没有认识到和深刻把握到事物规律和自然规律，则人们对规律的强制性也是处于无感的状态，即使有感，也是隐隐约约的模糊感受。

正如规律本身，规律的向心力是永远存在的，任何违背规律的离心力的回归，都是必然的，只不过是时间问题。当然，对于个体性生命来说，无论其在生命时段内有无认识到规律的存在，其个体生命的消亡，都是在回归自然，回归自然规律。

（四）规律与事物的变化

1. 事物的变化

运动是绝对的，静止是相对的。事物的运动状态源于宇宙万物间的相互作用和相互影响。正因为如此，"感知—反应"才成了宇宙万物的共通之处。通过"感知—反应"，处于混沌中的万物彼此逐渐趋于平衡状态；又因"感知—反应"的不断推动，万物间的平衡状态最终又被打破，重新回到初始的混沌状态。如果在"感知—反应"的作用下，万物不能达到新的平衡，其结局只有一个：消亡。从初生到成年、老年，再到死亡，就是在"感知—反应"的作用下，人体的机能从不平衡到平衡，再到不平衡的紊乱状态，直至人的死亡。其他生命体、非生命体也大体与之类似。

事物的运动变化在社会现实生活中随处可见。从人类的价值观来看，没有长进就是在退步；从自然界的价值观来看，不符合自然规律就是在歪路上越走越远，符合自然规律才能与自然和谐共生。规律决定着事物运动变化的状态和方向。

2. 规律在事物运动变化中的作用

事物在向好的方向运动变化时，是好的规律在起作用。事物在向坏的方向运动变化时，存在两种情况：一是事物的运动变化违背了好的规律，二是事物的运动变化在坏的规律作用下运行。如果人们只需要判断出事物不在好的规律作用下运行，不需要判断出事物偏离好的规律轨道之后的具体运动变化结果，则只要把握好的规律的状态就足够了。如果人们需要解释不好的事物的现象，需要了解不好的事物的具体运动变化过程，或者需要消除不好的事物的根源，人们就不仅要把握好的规律，还要了解坏的规律。规律决定了事物运动变化的状态和最终走向。规律深藏在事物现象的背后，人们需要在认识规律的道路上全身心地思考和探寻。

四、人类智慧的瓶颈

（一）智慧的实质

"感知—反应"是宇宙万物的共通之处，也是推动着万物生存与自保的运动过程的关键要素。人的意志部分的实质就是感知，就是对外界事物的信息的感觉、筛选、存留、加工的过程。感知是智慧的实质性成分，但绝不是人的初始感觉，而是在遵循智慧铸造的规律下，不断思考、探索和研究后的感觉，是从无形，到有形，再到无形的质变过程。其中，"有形"的形成过程就是按照智慧规律进行锤炼的过程。

可见，智慧不是一般的对外界信息的感知，而是对外界信息做出迅速、准确、有效的感知，并迅速做出相应的反应的能力。这种能力不仅要对人的五官能够感知到的信息进行感知，而且要对人的五官难以感知到的信息进行感知。智慧不是对事物的现象或表象的感知，而是对事物的规律的感知，是对事物的关键要素的感知，是对事物的关键要素与事物表象之间的必然联系的感知。这种感知的速度越快、越精确，就表示智慧越高，如先知先觉。

某种程度上，生存的原则不是适者生存，而是智者生存。原因很简单，因为在适应环境之前，环境可能已经发生了骤变，适者首先是存者，首先要在环境骤变中存活下来，然后，才能谈得上适应骤变后的新环境。没有"存"，何谈"适"？更何况，适应环境关键还是要靠拥有聪慧的大脑。人要想在在环境发生骤变的过程中存活下来，必须对此风险有预感并迅速做出有效反应。风险是客观存在的，不存在直接降低风险的说法。应对风险只有三种办法，一是回避风险，是指提前感知并迅速做出及时有效的回避反应；二是抵御风险，是指在风险来临却无法回避时，迎面而上，直面风险并有效地战胜风险；三是承受风险，是指对所谓的风险不做任何反应。这三种应对风险的办法，都离不开智慧，即对事物的关键要素与事物表象之间的必然联系的迅速、及时、有效的把握的能力，以及有所反应有所不反应的预判能力。

（二）人类智慧的铸造之路

人类智慧铸造之路，即人类智慧提升之路，是智慧提升规律的运行过程。我们要把握人类智慧的提升规律，就必须把握其中的关键要素。经笔者多年的思考和研究发现，这些关键要素主要包括以下十种：①要有思想高度；②要以探寻事物的规律和自然规律为目的；③要全身心地投入对这种目标的追求中；④要心无旁骛，全心全意；⑤要有责任心与责任感；⑥要摒弃个人得失观念；⑦思维方法要得当；⑧要坚持不懈，持之以恒；⑨认识事物的面要广，要找到各种专业领域的共通之处；⑩要用自然规律对认识进行鉴定。

这些智慧提升规律中的关键要素是一个整体，它们相互作用、相互影响、相互促进，缺一不可。这些关键要素共同运作，将促使人的智慧不断走向更高层次，达到无须通过人的五官就能迅速、准确、有效地感知事物的规律性联系的无形状态中的智慧的最高境界。人和动物的第一条件反射就是这一状态的现实写照。

人的行为是由人的意志加以控制和支配的，也就是说，人的行为规律的关键要素存在于人的意志之中，人的行为轨迹是受人的意志中的关键要素控制的。人的行为是否在铸造智慧，关键要看人的意志中的关键要素的组成。如果人的意志中的关键要素是由目光短浅、自私自利、冷漠无情、个人主义等一种或多种要素组成，那么，人的行为就不是在智慧提升的轨道上运行，而是在愚蠢、有害的道路上越走越远。只有人的意志中的关键要素是智慧提升规律中的关键要素，人的行为才会在人的智慧的控制和支配下运行，人的智慧才能不断得以提高，因为人的智慧的提升规律的运行过程就是智慧的提升规律中的关键要素的运行过程。

（三）限制人类智慧发展的因素

人类智慧的提升有其自身的规律，是人类智慧提升中的关键要素运行的结果。反过来看，人类智慧提升规律中的关键要素的缺失，就限制了人类智慧的发展和提升。因此，限制人类智慧发展的因素，就是智慧提升规律中的关键要素不足、缺失或不到位。

1. 思想缺乏高度

思想高度决定了人的视野的广度和深度。一个自私自利的人，一定是鼠目寸光之辈，因为这种人看问题，总是会戴上有色眼镜，以事物是否对自己有利或无利进行评判，有利可图者亲之，无利可图者远之，只顾眼前利益，甚至连长远利益都不会去考量。这样看问题不可能全面、深入，而且还缺乏客观性。一个利己主义者或功利主义者，总是将某种事物与自己的主观性价值观联系起来，这无疑会破坏事物的客观性。事物是客观存在的，不以人的意志为转移。这里的人的意志就包括了人的主观性价值判断的意志成分。事物的存在不以人的好恶为转移，例如，玫瑰不是为了人类的爱情而生长的，钻石不是为了人类的婚姻而存在的，任何事物都不是因为对人类有用或无用而存在或消亡的，等等。可见，人们在认识事物的过程中，一旦掺入了"有用或无用"的主观性价值判断，加上看问题的片面性，目光短浅、思想缺乏高度，就不可能认识事物的真相和全貌，不可能对外界客观事物形成真知灼见，不可能拥有很高的智慧，不可能对外界事物的信息有迅速、准确、及时、有效的感知和反应。

2. 不以探寻事物的规律和自然规律为目的

有些人的意志和行为，不以探寻事物的规律和自然规律为目的，而是以地位、权势、荣耀、名利等为目的，一切围绕自己个人的利益转，围绕小集体的利益转，眼里只有利益。出发点是利益，目的地是利益，行为过程是利益，心中装满了利益，根本就没有事物的规律和自然规律的一席之地。这种情况的存在，就连事实真相都无法看清，因此无法认识和把握事物规律和自然规律，也基本不可能拥有高智慧。人类为了自身的利益，无节制地向自然界索取，客观上破坏了自然规律，结果受到了自然界的惩罚。人类为自己的愚蠢行为付出了惨痛的代价。

3．不能全身心地投入对这样的目标的追求中

智慧是在全身心投入追寻事物规律和自然规律的目标的过程中铸就的。偏离这一目标，是不可铸就智慧的；有了这一目标，但没有全心全意的投入过程，也是无法铸就智慧的。不能全身心投入追寻事物规律和自然规律的目标的过程中，也就意味着心中还夹带着其他目标，在目标的追求上三心二意。若人们存在这种状态，就无法认识和把握事物规律和自然规律，通常也不可能拥有高智慧。

4．不能做到心无旁骛、全心全意

当追寻事物规律和自然规律的目标确定之后，在实践这一目标的过程中，人们如果不能做到心无旁骛、全心全意，就很难拥有对事物规律和自然规律的认知能力，也会偏离智慧的轨道。

5．缺乏责任心和责任感

责任心和责任感要求人们说话和做事，不能只顾自己，也要考虑到他人、集体、国家等。

每个人肩上都肩负着某种责任，因为人是社会人，是自然界的一分子。如果一个人没有责任心和责任感，就不会考虑外界的感受，就会只以自我的主观标准对自己的言行进行判断，不会顾及他人，也不可能有动力思考自己言行的不足之处，从而丧失不断进取、不断改善的动力，做不好事情。

6．难以摒弃个人得失观念

个人得失观念给人类带来贪婪、无情、冷漠、自私自利、目光短浅等一系列与智慧背道而驰的负面的因素，严重阻碍了人类智慧的提升和发展。

"得失"是人的主观价值观的产物，不是规律中关键要素的组成成分。而智慧是对事物规律和自然规律的认识，是对规律中关键要素的认知，是在认识事物规律和自然规律的道路上心无旁骛地行走。个人得失观念严重地偏离了成就智慧之路，限制了人类智慧的提升和发展。

7．缺乏得当的思维方法

思维是主观的，当其符合客观时，才能谈得上思维得当的问题，但是，并不是说思维符合了客观事物的样态，就能被称为得当。思维得当是指，人的思维符合事物规律和自然规律，能够正确反映事物的表象与规律中关键要素之间的必然联系，而不是对事物的表象和自然界中现象的反映。思维得当要求思维首先要把握规律中的关键要素，并能保持时刻存于心中的状态。无

论思维走到哪里，规律中的关键要素这根联结思维之线的点都不能丢，都要做到收放自如。唯有这样，思维才能在面对问题时达到游刃有余的状态。

缺乏得当的思维方法，意味着思维呈线段状，离开了规律中的关键要素，任意漂移。这样不仅达不到认识和把握事物的规律和自然规律的思维目的，而且也不能反映事物的真实状态，了解不到事实真相。因为，事实真相＝表象＋关键要素。自然界是一个整体，既然是整体，就不应当在认识事物或看问题时，断章取义。

8. 难以做到坚持不懈、持之以恒

没有坚持不懈和持之以恒的精神，做任何事情都很容易半途而废。"无形—有形—无形"是造就高境界智慧的途径，没有经过有形阶段的坚持不懈和持之以恒的锤炼，即便拥有了得当的思维，也难以到达智慧的无形境界。坚持不懈和持之以恒的精神，是智慧锻造所不可或缺的，即便是到了智慧的迅速感知和反应的高阶段，也需要这种精神的维持，否则，智慧的水平会降低。

9. 各专业领域的认识面较为狭窄

思想的高度，在某种层面上是面的广度。从横向角度来看，高瞻远瞩与远见卓识所涉及的面非常之广，是单个专业领域的面所无法匹敌的。这个横向的面是自然界，而每一个专业领域则是这个面中的一小块。唯有认识到做事所需的各专业领域的共通之处，才能更有可能达到高智慧的状态。

10. 缺乏用自然规律对认识进行的鉴定

前文已经分析过，自然规律中的关键要素——感知与反应、生存与自保，就好像自然界万物的血液与灵魂。纵观人类发展史，基本都是在生存与自保的道路上行走的历史。然而，人类在自身的发展过程中，从表面上看，人类的行为是在求生存、求自保，但实质上，人类在拼命向自然界索取的同时，完全没有考虑"人"这一自然造物的人体本身的自然平衡，人体的真正需求与人脑的欲望分道扬镳。在自保方面，有的人不去认真研究和探索自然界万物的自保规律，整天疑神疑鬼，臆想着恶的迫近，于是就做出了名为"自保"，实则是恶的言行来，这样便导致人类陷入了恶的泥潭与恶性循环之中，难以自拔。恶起源于人类的主观臆想，但其根本在于人类对事物认知的智慧的缺乏。

五、民主、自由、科学等概念的实质

（一）民主概念的实质

1. 学界关于民主概念的观点

"民主"一词起源于古希腊，16 世纪由法语引入英语，其基本含义为人民和统治。民主是指一种既区别于君主制又区别于贵族制的政府形式，在这种政府形式中，人民实行统治。[①]

从民主的基本含义来看，其属于政治概念，是一种政府形式。据此，学界在认识"民主"这一概念时，经常都是从政治层面来看的。有学者认为，民主是"多数人的统治"[②]；也有学者将中华文明中的民主称为"民本主义民主"[③]。这一"民主"的基本含义是"把人民看作国家的基石，看作'人心向背'的关键所在，看作'天命'最实质的内容，民生问题解决得好坏是决定国之命运的大事"[④]。美国学者熊彼特从实证主义的角度出发，认为，"民主并不是指，也不可能指，按照'人民'和'统治'这两个词的明显的意义说的人民确实在哪里统治的意思。民主不过是指人民有机会接受或拒绝要来统治他们的人的意思……定义的一个方面可以说成：民主就是政治家的统治"[⑤]。中华人民共和国提出了"人民民主专政"的政治思想，并赋予了人民民主新的内涵。党的十八大报告明确指出，"坚持国家一切权力属于人民，不断推进政治体制改革，社会主义民主政治建设取得重大进展，成功开辟和坚持了中国特色社会主义政治发展道路，为实现最广泛的人民民主确立了正确方向"[⑥]。

---

① 参见［英］戴维·赫尔德《民主的模式》，燕继荣译，中央编译出版社 2008 年版，第 22 页。

② 顾肃：《论政治文明中的民主概念和原则》，载《江苏社会科学》2003 年第 6 期，第 14 页。

③ 杨光斌：《发展中国家搞"党争民主"祸害无穷——中国民主实践的分层性与多样性》，载《人民论坛》2014 年第 11 期，第 58～61 页。

④ 张维为：《中国超越：一个"文明型国家"的光荣与梦想》，上海人民出版社 2014 年版，第 34 页。

⑤ ［美］熊彼特：《资本主义、社会主义和民主主义》，吴良建译，商务印书馆 1979 年版，第 375 页。

⑥ 《中国共产党第十八次全国代表大会文件汇编》，人民出版社 2012 年版，第 11 页。

2. 民主概念的实质性内涵

从上述有关民主概念的不同阐述中，可以看出，尽管学术界对民主的概念众说纷纭，但都有一个共通点，那就是将民主与人民紧密联系起来，离开了人民，就无所谓民主。这也是"民主"一词的初始含义。人民才是最大的政治。因此，要把握民主的实质性内涵，就必须结合政治家、人民和国情三个要素着手进行分析。总括起来，主要包括以下四个方面：全心全意为人民服务的思想高度、大公无私的奉献精神、一切从本国的实际情况出发、具有卓越的政治智慧。

（1）全心全意为人民服务的思想高度。

《中国共产党党章》在总纲中明确指出，"坚持全心全意为人民服务。党除了工人阶级和最广大人民群众的利益，没有自己特殊的利益。党在任何时候都把群众利益放在第一位，同群众同甘共苦，保持密切联系，坚持权为民所用、情为民所系、利为民所谋，不容许任何党员脱离群众，凌驾于群众之上"。这是作为中国执政党的中国共产党对全体党员提出的要求。这样的思想高度，是世界上其他所有的政党无法比拟的，也是难以企及的。

唯有具备全心全意为人民服务的思想高度，政治家才会走入民间，深入了解人民生活，才能做到"从群众中来，到群众中去"，才能了解、听取和把握人民群众心底的想法和诉求，才能将政治家的政治与人民群众的政治有机地结合起来，才能实现与人民紧密相连的真正的民主，才能使政治家手中的权力取之于民、用之于民，才能获得最广大人民群众的支持。

（2）大公无私的奉献精神。

全心全意为人民服务的思想高度，要求政治家心中装着人民，心中时刻想着人民，一切以人民的利益为出发点和归宿，大公无私，积极奉献。唯有这样，政治家才能和人民打成一片，才能从人民群众中汲取政治营养，才能"想人民之所想，急人民之所急"，才能专心致志地帮助人民发现问题、分析问题和解决问题，才能在人民群众中提炼自己的政治智慧，与人民融为一体。

（3）一切从本国的实际情况出发。

民主不是主观想象，不能脱离实际，更不能脱离本国国情。民主是根植于人民群众社会生活生产实践的政治，根植于本国国情。如果脱离本国国情，脱离本国人民群众的社会生活生产实践，引进或照搬外国的民主，其结果可能是灾难性的。这已经被国际社会的实践所证实，有目共睹。

民主不是对事物的规律和自然规律的排斥，恰恰相反，民主是为了更好、更准确地把握本国经济社会的发展规律和自然规律。唯有一切从本国的实际情况出发，才能感触到事物的关键要素并把握事物的关键要素的运行轨迹，才能与规律亲密接触，才能自觉认识、把握和运用规律。

（4）具有卓越的政治智慧。

与世袭制政治制度、专制政治制度不同的是，在民主政治制度中，政治家是通过民选方式产生的，是人民信得过的，具有全心全意为人民服务的思想高度、高尚的道德情操、大公无私的奉献精神、坚韧不拔的意志品质、公平正义的观念、运筹帷幄的政治才华、卓越的政治智慧的人民代表，其代表人民统一治理和管理社会。

在民主政治的社会中，人民通过民主的方式选出来的政治家，当然是为人民服务的人民当中的杰出代表。这里的"杰出"除了表示思想、道德、精神、意志、观念、才干等非常出众之外，还表示政治家具有过人的政治智慧。

"具有卓越的政治智慧"要求政治家在统治和管理社会的过程中，要有敏锐的政治头脑，能够洞察社会实践中影响政治关系的因素，能够对国际国内社会中出现的问题保持高度的政治敏感。此外，"具有卓越的政治智慧"还要求政治家对社会实践过程中出现的问题具有预见性，以便提前调动理论工作者和实践工作者的行动，做好充分准备，找到解决问题的策略和方法，而不能被动坐等问题的出现。这是人民赋予政治家的责任。

以上四个要素，构建了民主运行规律中的关键要素。

（二）自由概念的实质

美国学者阿伦特的自由理论将自由称为一种"世间有形的实在"[①]，并由此推导出"内在自由和意志自由都不是真正的自由"[②] 的结论。从语言的两大基本功能来看，阿伦特的自由观，试图在描述但又似乎不在描述自由的状态。"自由是一种世间有形的实在"无疑是在试图描述自由的实然状态，但同时"实在"又是非常抽象的哲学上的概念。可见，阿伦特并没有在给自由下一个定义。既然自由的状态不清楚，那么"内在自由和意志自由都不是真正的自由"这样的判断和推论就很难令人信服。况且，从人的意志和行为两个组成部分来看，内在属于人的意志部分，是意志中的思想活动或心理活动。

---

① ［美］阿伦特：《论革命》，陈周旺译，译林出版社 2011 年版，第 107 页。

② ［美］阿伦特：《过去与未来之间》，王寅丽、张立立译，译林出版社 2011 年版，第 139～140 页。

人的行为是受人的意志所控制和支配的，因此，自由包括意志自由和行动自由两个部分。其中，行动自由就是阿伦特口中的"世间有形的实在"。显然，自由的行动是在自由意志的支配下进行的，没有真正的意志自由，就不可能有真正的自由的行动，也就不可能有真正的自由的有形的实在。

意志自由支配着行动自由，行动自由意味着意志自由，但具有意志自由不一定就具有行动自由，毕竟两者是彼此独立的状态。人们的思想可以天马行空，但由于人体结构的限制、能力的限制、规则和规律的限制、身份的限制等，有时难以将想法付诸行动。从教育学角度来看，人的意志自由，除了受到法律限制之外，不应当受到来自任何外界的强力限制，只能施以正确的教育和积极的引导。人的认知能力的提高需要过程，需要循循善诱，而不是疾风暴雨式的强力规制。

人的意志活动有社会性和非社会性之分，但社会中的人，其行动具有不同程度的社会性。所以，人的行动自由具有社会性，必须接受规则的考量、规律的考量、人的能力和智慧的考量以及人的身份的考量。

1. 自由是规则之下的自由

自由是规则之下的自由。① 自由意味着安全，安全意味着预见，预见意味着规则，反之亦然。只有在安全的环境下，才能自由行动；只有在可预见周围环境的情况下，才会有安全感；只有在有规则可遵循的情况下，才能预见周围环境的安全性。一个治安环境不好的社会，很难有行动自由；一个动荡不安的社会，更谈不上自由。

规则是合理之下的规则，是事物规律之下的规则，是自然规律之下的规则，不然的话，规则就会成为限制人的自由的最大绊脚石。人类历史上社会制度的更替，就是在消灭限制人民自由的腐朽的社会制度的背景下实现的。在一定程度上，自由与纪律、自由与法律，它们之间是一致的，而不是对立的。自由是法律之下的自由，自由是纪律之下的自由。

规则和纪律之下的人，其意志是规则的意志。从这个角度来看，人的自由也是规则之下的自由。

2. 自由是规律之下的自由

看问题要看到问题的实质，把握问题要把握问题的关键，认识事物必须要认识事物的规律。按照客观规律办事，才能把事情办好。人的行动如果违背了客观规律，必然会受到客观规律的惩罚。

---

① 参见杜国胜《司法口才理论与实务（修订版）》，中国政法大学出版社 2022 年版，第 36 页。

人的行动的社会性是带有目的性的，是在目的的指引下行动的。人的行动只有把握了事物的关键要素，才能达到预期目标，实现行动自由。当然，事物的规律是有层面的，其最大的层面是自然规律，任何事物的规律都要被放到自然规律层面进行正当性和合理性考量，否则人们便无法真正把握事物，了解事物的真实状态。

孤立地来看，人的意志和行为是属于其个人的，但是，要让这种个人的意志和行为具有自由属性，就必须将个人的意志和行为融入规律意志之中。

3. 自由是人的能力和智慧之下的自由

能力的高低与一个人的自由度大小有着最直接的关系。① 游刃有余、得心应手、手到擒来、易如反掌等词语，描述的就是一个人的能力之下的高自由度。自由的能力性提醒人们，要潜心于自身的能力建设，不要整天纠缠于自身那点得与失。唯有进行好能力建设，才有可能得到相应的自由。

能力，可能是某一技能或某一专业领域的水平，具有一定的智慧性，但不是智慧的顶端。智慧的最高境界是经过有形的训练达到无形的迅速感知，而且是对自然界万物共通之处及关键要素的迅速感知。先知先觉者才能获得最大程度的自由。

此外，在能力和智慧层面上，自由的过程性体现得尤为突出。从不会到会，从会到轻车熟路，再到易如反掌，这是一个取得行动自由的过程。自由是一次又一次战胜束缚、困难、逆境和阻碍的过程。自由作为"世间有形的实在"，当然可算是一种过程，因为存在即过程。作为过程的自由，是自由的关键要素的运行状态，也是自由的规律存在之状态。

4. 自由是人的身份之下的自由

"人的真正存在……就是他的行动；人在行动中，个体才成为现实的。"② 这句话告诉人们，人只有在行动中才有真正的存在，才有真正的现实的自我，而人的行动是社会性的。

社会性的重要标志就是身份。人是社会的一分子，是家庭中一员，是单位的职工，是集体、组织的成员，是国家的公民，是自然界的生命体。这里的社会、家庭、单位、集体、组织、国家、自然界，便是人的身份所处的环境。处于非社会性状态中的人，是自然界的生命体，"自然人"是人的身份，

---

① 参见杜国胜《司法口才理论与实务（修订版）》，中国政法大学出版社 2022 年版，第 37 页。

② ［苏联］列尼·巴日特诺夫：《哲学中革命变革的起源》，刘丕坤译，中国社会科学出版社 1981 年版，第 81 页。

人的行动必须在自然界能够接受的范围内，才是自由的。处于社会性状态中的人，人处于某种身份之下，人的行动自由是身份下的自由，若离开身份的要求，就谈不上什么自由。在社会身份之下，个人意志要与社会意志保持一致，人的行动要考虑他人的感受，考虑社会中的道德、法律及其他规则的约束和规范，要有社会责任感；在家庭身份之下，个人意志要与家庭意志保持一致，人的行动要为家庭着想，与家庭融为一体，要有家庭责任感；在单位、集体或组织的身份之下，个人意志要与单位、集体或组织的意志保持一致，人的行动应当与所在单位、集体或组织保持一致，听从安排，服从管理，要有集体性的责任感和责任心；在国家身份之下，人的行动应与国家意志保持一致，公民的一言一行，无论在国内还是国外，无论是国家政府要员还是普通公民，都体现着一个国家的形象，公民要有为国家服务的强烈责任心和责任感。

此外，人的职业意义上的身份和地位以及名誉意义上的身份，对人的行动也有着非常大的限制性作用。

（三）科学概念的实质

"science"（科学）不是中国本土词语，而是外来词语，来源于西方社会。不管西方社会创造"科学"这一词语的动机是什么，从学科领域来看，"科学"不是一种独立的学科领域。显然，西方社会对"科学"一词的发明是有特质的，其概念是有范围规定性的，多指军事及理工类领域。但人们在介绍某一位在其专业领域取得卓越成就的专家时，总是使用物理学家、天文学家、哲学家、思想家、化学家等词语，很少会将"科学家"一词作为介绍语。

从规律角度来看，科学概念的实质是符合事物的规律和自然规律，人们的思维一定要透过"科学"一词，去进一步思考该词背后的合理性及合乎规律性，而不能简单地将思维停留在"科学"这个词语上，导致主观地得出"科学即合理"的错误结论。例如，生化武器的研究是科学的，但因违背自然规律而不具有合理性。

六、存在即过程

(一) 虚假成分的存在

人的大脑会产生主观臆想，正是这种大脑主观臆想的存在，使人的五官感觉掺入了不存在的虚假信息，从而失真。人的大脑主观臆想的成分，只有在人具有了非常高的智慧时，才能降低乃至消除。动物的大脑中也有一些主观臆想成分，但其程度要远远低于人类。

(二) 存在的类别

虚假背后所指代的事物或事物的信息，是虚在，在现实社会中是不存在的，如杞人忧天、误解、信以为真等。但虚假本身是存在的，虚在也是一种存在。据此，我们可以将存在分为虚在和实在两大类。虚在指的是，存在的只是虚幻的、不现实的，是主观臆想的产物，以想象代替真实；实在指的是，客观物质世界的真实存在，不以人的意志为转移。

与实在不同的是，虚在只是存在于人的大脑、人的主观世界里的东西，在现实世界中是不存在的。在人类社会里，因为人的大脑的存在，且有时缺乏足够高的智慧，因此，虚在和实在同时存在。那么，应该如何进行鉴别和判断呢？这是识别假象与真相的关键，对其做出正确判断，能使人避免活在虚幻而不真实的世界里。

虚在起源于人的主观臆想，根源在于人对外界客观事物的认知能力不足、智慧不足。事实＝意志＋外在，事实＝过程，事实＝表象＋关键要素。其中，"事实＝过程"是事物的整体，表明事物是处在不断运动变化的过程之中的；"事实＝表象＋关键要素"是事物的运动状态，表明事物的运动过程是事物的关键要素的运动过程（即事物的运行规律），事物之所以成为其自身而不是其他事物，缘于事物的规定性（即事物的关键要素的规定性或者事物规律的规定性）；"事实＝意志＋外在"是事物的组成单位，是事物的"细胞"，是运动过程中事物的每个节点。如果人在认识事物的过程中，没有对事实的这三个公式进行整体性考量，而是仅截取其中某一部分或某一段，必然会导致以主观臆想代替事物的全部，虚假或虚在便由此而生。

（三）存在的鉴别与价值判断

1. 存在的鉴别

鉴别事物的唯一标准，就是过程。事物的关键要素的运行过程，即事物的规律。一个人如果不具有一心一意走在智慧铸造之路上的专一性过程，就不可能拥有过人的智慧；没有用心去做事的过程，就不可能有做好事情的结果；没有身份之下的行动过程，就不可能有身份之下的自由。自然界中万事万物的存在，都是在其关键要素推动下的运动过程，都是事物的关键要素的运行轨迹，是事物规律的呈现。

2. 存在的价值判断

用人的主观性价值观进行判断，存在有良性存在与恶性存在之分，事物的规律有对人有益的规律与对人不利的规律。在人的主观价值世界中，好有好的规律，坏有坏的规律；善有善的规律，恶有恶的规律。一个人或一个事物，以什么样的形式存在，决定于其在哪一种规律上行走或运行。否则，那就只是人的主观臆想中虚在的好坏或善恶。

自然界也有价值判断。自然界经过上亿年的"感知—反应"，对自然界中的万物进行筛选，对于符合自然规律的则存之，对于不符合自然规律的则去之；对于有利于自然的则留之，对于不利于自然的则惩之。自然界对人体的精妙创造，人体结构的复杂程度和细致程度，是人类的能力所无法企及的，这也是自然界进行价值筛选的结果。人体中各种细胞的功能，就是一种自然价值选择的非常好的实证。

人的价值观具有主观性。根据"主客观一致"的哲学原理，人的主观价值判断一定要符合自然界的客观价值判断，否则，"人与自然和谐共生"就会成为虚在，难以成为实在。根据自然界的价值判断，人的欲望显然不能无限制地扩展。山珍海味并不见得是件好事，粗茶淡饭也并不见得是件坏事，要参照自然界赋予人体的运行规律，才能做出准确的判断。只要背离了人体的自然需要，对人体来说大多是一种伤害。

七、公平、公正、平等、正义等概念的实质

（一）收获与得到[①]

1. 收获与得到的区别

在现实生活中，人们常常将收获与得到两个概念混用。例如，运动员比赛后获得奖牌的情景，人们既可以用"收获了一枚奖牌"的语句来描述，又可以用"得到了一枚奖牌"的语句来描述。但仔细分析起来，这两句话的分量还是不同的，收获涵盖了过程中艰辛、领悟、理解、意志品质、成效等宝贵的成分，而得到只是一种结果性描述。即便人们不加区分地使用收获与得到两个概念，但是，对于有些事情，人们还是会更多地使用"收获"一词，如"收获爱情"。从"收获"一词可以看出，人们更在意的是爱情过程中甜蜜的表达和感受。

收获与得到毕竟是两种不同的概念，有不同的描述倾向。收获通常指的是人的意志状态，如收获喜悦、收获情感、收获感悟等；得到通常指的是人的行为结果，如得到了别人的夸奖、得到了社会的肯定、得到了奖励、得到了薪水等。收获着重于人的品德、修养、知识、智慧、认知等内在东西的建设，而得到则着重于名誉、荣誉、物质、地位、权势等外在东西的累积。收获注重过程，注重在行为过程中感悟、感受，取决于自身；得到是行为的结果，取决于自然界的给予、他人的赐予、社会的分配。收获的背后是人的品德修养的积淀、认知能力的提高、智力的发展、智慧的提升；得到的背后是人与自然的关系，是人与社会的关系。

2. 收获与得到的联系

有收获，不一定有相应的得到，因为收获是自己的，完全掌控在自己的手中，他人是无法截取的；有得到，也不一定有相应的收获，因为得到取决于掌控资源分配权的权势者，这是收获者自己无法掌控的。在社会实践中，收获与得到经常不匹配，经常会出现收获大于得到、得到大于收获两种不平衡的状态，但最终会走向两者相等的公平的平衡状态，因为，公平是收获和

---

① 参见杜国胜《司法口才理论与实务（修订版），》中国政法大学出版社 2022 年版，第 33～34 页。

得到的实质，是人的行动的正当性和正义性的关键要素。此外，得到是收获的溢出效应，是附属品。更多的得到应当是更多的收获的结果，否则，不公平、不正义的现象必然会发生。

3. 收获与得到的关系的三种基本形态

第一种基本形态为收获与得到正好匹配，第二种基本形态为收获比得到少，第三种基本形态为收获比得到多。这三种基本形态能够很好地诠释公平、公正及正义的状态。第一种"收获与得到"正好匹配的基本形态，表示公平、公正和正义的状态；第二种和第三种"收获与得到"不匹配的基本形态，表示不公平、不公正、非正义的状态。当然，后两种基本形态也有例外，如果考量当事人之间的真实意思表示，出于自愿，即便出现收获与得到不匹配的现象，只要是当事人真意的表达，就不影响该结果达到公平、公正和正义的状态。其中不匹配的那部分，可以用情感和爱来填补。

收获与得到之间的三种基本形态的关系，也是权利与义务之间的匹配关系的三种基本状态。这三种基本形态是对社会交往关系的全部写照，要么表现出公平，要么表现出不公平。据此，公平关系是社会交往的基本关系，是一切社会关系的走向和目标。

（二）公平概念的实质

1. 有关公平概念的部分观点

印度学者阿马蒂亚·森就"公平"的含义曾指出，"什么是公平？对这个基本概念可以有多种解释，但其核心要义必然是避免评价中可能产生的偏见，兼顾他人的利益与关注点，尤其要避免受到自身既得利益、偏好、习惯或偏见的干扰。这可以广义地理解为需要具有中立性"[1]。

从该学者的观点可以看出，利益分配者在分配利益时，不能掺入个人的主观性，不能带有私心，应当做到客观公正。这无疑是公平概念中的应有之意。然而，该学者的观点使用了"评价"这一模糊的概念，但没有描述出"利益分配者在分配利益时，居中考量收获与得到之间的平衡关系"这一执行公平的过程。该观点只说出了有居中分配者这一种情况，但在社会实践中，除此情况之外，还有只存在当事人双方时的公平问题。该观点也没有考

---

[1] ［印］阿马蒂亚·森：《正义的理念》，王磊、李航译，中国人民大学出版社 2012 年版，第 49 页。

虑到当事人"真实意思表示"这一情况，如民事法律关系中赠与行为的公平性质。

2007 年版《新华汉语词典》将公平解释为"处理事情合情合理，不偏袒任何一方"①。

朱贻庭主编的 2002 年版的《伦理学大辞典》对公平的概念进行了如下描述："在集体、民族、国家之间的交往中，公平指相互间的给予与获取大致持平的平等互利。同时还包含有对待两个或两个以上的对象时的一视同仁。在个人与社会集体之间的关系上，公平指个人的劳动活动创造的社会效益与社会提供给个人的物质精神回报的平衡合理。在个人与个人之间的关系上。公平指他们之间的对等互利和礼尚往来。"②

2. 公平概念中的关键要素

事物之所以成为该事物而不是其他事物，是由于事物中关键要素的规定性。事物的关键要素的运行过程构成了该事物本身。公平之所以成为公平，是由公平中的关键要素决定的。纵观公平在社会实践中的各种表象，我们可以将其关键要素归结为以下四点：意志、责任、分配、客观。

（1）意志。

意志方面需要真实，意志真实要求人们在社会交往过程中所涉及的关系人的意志表达都是出自内心真实意思的表达，尊重所涉关系人的意志真实，不存在强迫、威胁、利诱、欺诈、隐瞒、误导、漠视、主观情感等影响当事人的真意表达的因素。公平与意志瑕疵不相容。也就是说，公平的过程不容许存在影响所涉关系人真意表达的外在主动性因素。当然，所涉关系人的真意表达会受到自身诸如思想、思维、智慧、能力、素质、品质、修养、性格、主观性等内在因素及非主动性的外在因素的影响，而这些因素的存在，不影响表达的真意。

"权利和义务关系"是社会交往关系的集中体现，而权利是"想要"，是人的意志活动。真意表达就是权利表达。只要真意合理，符合事物的规律和自然规律，就应当受到尊重，不能因表达的方式不符合外界主观情感，而受到任何外力的强制。可见，意志真实还要受到合理、规律的规制。

（2）责任。

在社会交往过程中，所涉关系人应当尽量顾及来自相关方向的合理期

---

① 《新华汉语词典》编委会：《新华汉语词典》，商务印书馆 2007 年版，第 339 页。
② 朱贻庭：《伦理学大辞典》，上海辞书出版社 2002 年版，第 45 页。

待，要有责任心和责任感。处于社会交往中的人，其行动自由要受到身份的规制，这也是责任的要求。无责任心和责任感的社会交往，绝不是公平的交往。

（3）分配。

实施公平的过程是分配的过程。这种分配关系正是公平过程的核心，是与矫正关系的公正过程相区分的关键所在。

公平的分配关系，要求在当事人真实意志的基础上，根据社会交往的实际情况，分配责任，匹配收获与得到，使得付出与利益之间处于均衡状态。

（4）客观。

客观要求利益分配者应当居中考量各方的均衡关系，分配过程中不能掺入分配者个人主观情感；要求利益分配者在利益分配过程中，要考量所涉关系人的行动的实质性情况（如真实意志表达、用心程度、责任心和责任感、能力、社会接受度等），而不应考量所涉关系人的表面形式（如地位、权势、名誉、头衔等）；要求社会交往过程中所涉关系人应当做到上述意志、责任和分配中所提出的要求。

（三）公正概念的实质

1. 有关公正概念的部分观点

亚里士多德在论述公正的概念时，曾指出，"公正是德性之首，比星辰更让人崇敬"[1]。

在亚里士多德有关公正的论述中，人们看不出公正概念的具体形态及公正中的关键要素，因此，与其说亚里士多德是在给公正下定义，不如说是在论述公正在社会生活实践中所占据的地方和重要意义。

朱贻庭在其主编的《伦理学大辞典》一书中，从伦理道德角度给公正下了定义，他认为，公正是处理人与人之间利益关系的伦理原则。公正作为道德范畴，既指符合一定社会道德规范的行为，又主要指处理人际关系和利益分配的一种原则（即一视同仁和得所应得）。[2]

公正不仅是处理利益关系的伦理原则，也是立法原则、执法原则、司法原则。人们通过立法，矫正社会利益分配的不公平；通过执法，纠正因违法而给社会带来的分配不公平的现象；通过司法，制裁违法犯罪行为，救济受

---

① ［古希腊］亚里士多德：《尼各马可伦理学》，廖申白译，商务印书馆 2003 年版，第 130 页。
② 参见朱贻庭《伦理学大辞典》，上海辞书出版社 2002 年版，第 45 页。

害人，做出公正的裁判。

王海明在谈到公正的概念时指出，公正，就是对社会主体间权利与义务的配置比例是否恰当，差别是否合理的一种价值评判。同时，公正也是利益分配过程中所必须遵守的分配原则。"任何利益交换……必须遵守一定的规范、原则才能够进行。那么规范我们一切交换行为……的总的道德原则是什么呢？就是同等的利害相交换。就是等利交换与等害交换，就是公正。"①"权利与义务的交换或分配是公正的根本问题。"②

2．公正概念中的关键要素

公正的实施过程是其关键要素的运行过程。意志、责任、矫正、客观是公正概念中的关键要素。其中，意志、责任和客观等关键要素的内涵同公平概念中的要求，都是在行事过程中对人的要求，要求行事人是高尚的、智慧的、用心的、不负众望的、能做到不偏不倚的。矫正关系是公正概念的基础性关系，矫正过程是公正运行的基本过程，也是区别于公平概念的实质。正是因为公正的独特的矫正的基本过程，公正才表现出了与公平的分配的基本过程的质的不同。

3．公正与公平的区别

公正中的"正"是居中、不偏不倚、正好的状态，指居中人在处理问题时，不偏袒任何一方，依据公平标准重新调整或分配各方当事人的得到，使得各方当事人的收获与得到达到平衡的状态。可见，公正概念中一定有居中的第三人。公平概念中则不一定有第三人的存在，即便有居中第三人，也是在从事分配事宜；公正中的居中第三人是对不公平的分配结果进行矫正，而不是分配。公平概念中的事件有时候完全是当事人双方的事，不涉及居中第三人；而在公正概念中，如果只有当事人双方，而没有居中第三人的介入，就会出现矫正不公平现象，其当事人将会同时充当"运动员"和"裁判员"，有失客观公正。总之，公正的核心是矫正关系，而公平的核心是分配关系。公正的依据是公平。

处于某些具体领域时，公正是司法公正，而不是司法公平；是执法公正，而不是执法公平；是立法公平，而不是立法公正［当然，通过立法来矫正社会利益分配的不公平时（如通过制定相关税法来矫正贫富差距），也可以称其为立法公正］。公正与公平是两个不同的概念，不能混用或互

---

① 王海明：《伦理学与人生》，复旦大学出版社2009年版，第175页。
② 王海明：《伦理学与人生》，复旦大学出版社2009年版，第180页。

相替代。

收获与得到之间三种不同的基本形态就是对社会交往关系中公平与不公平的整体状况的描述。公平是社会交往中最基础的社会关系，公平关系是一切社会关系的走向和目标；公正因公平而来，目的是为了矫正社会上不公平的现象，恢复社会的公平交往关系。公平是公正的目的和基础，没有公平的存在，就谈不上公正。公正是实现公平的手段，是促使一切社会关系走向公平关系的必要手段和工具。公平是公正存在的价值判断。

（四）平等概念的实质

1. 有关平等概念的研究现状

学界对平等概念的研究呈现多样化态势，没有完全找到彼此的共同点，大多是站在各自不同的角度看问题。美国学者萨托利将平等看作一种抗议性理想，认为平等"体现了并刺激着人对宿命和命运，对偶然的差异、具体的特权和不公正的权力的反抗"[①]。亚里士多德将平等的含义分为两个方面，即无差别和按比例，也称完全平等与比例平等。之后的学者无论从什么角度来谈论平等，基本上都没有超越这两个方面的含义。[②] 学界认为，平等在不同的领域具有不同的含义，它所指的对象可以是政治参与的权利、收入分配的制度，也可以是不得势的群体的社会地位和法律地位。[③] 平等在法律上体现为，"法律确认和保护公民在享有权利和承担义务上处于平等的地位，不允许任何人有超越于法律之上的特权"[④]，即"法律面前人人平等"的基本原则。在《牛津法律大辞典》中，平等是指法律规则应该平等地适用于社会中从事有关活动的所有成员，除非有充足和明显的理由，任何人不得被豁免或区别对待。[⑤]

[①] ［美］乔·萨托利：《民主新论》，冯克利译，东方出版社 1993 年版，第 339 页。

[②] 参见粟丹《立法平等的概念辨析》，载《贵州大学学报（社会科学版）》2007 年第 2 期，第 15 页。

[③] 参见［美］E. 博登海默《法理学：法律哲学与法律方法》，邓正来译，中国政法大学出版社 1999 年版，第 285 页。

[④] 中国大百科全书总编辑委员会《法学》编辑委员会、中国大百科全书出版社编辑部：《中国大百科全书（法学）》，中国大百科全书出版社 1984 年版，第 101 页。

[⑤] 参见［美］戴维·M. 沃克《牛津法律大辞典》，《牛津法律大辞典》翻译委员会译，光明日报出版社 1989 年版，第 303 页。

2. 平等概念中的关键要素

"人人生而平等""法律面前人人平等",说明平等是人类社会关系中的平等,是人与人社会交往过程中的平等。

人的行为是受人的意志控制和支配的。对人的意志进行限制,就是对人的行为进行限制,反之亦然。"人的真正存在……就是他的行动;人在行动中,个体才成为现实的。"[①] 可见,对部分人或个别人的意志和行为的不合理限制,会影响他们成为现实的人,不平等现象也随之产生。

人在社会关系中,无论是道德层面还是法律层面,权利义务关系都构建了人的社会生活的主要内涵。权利是一种"想要",而义务是一种"被想要"以及责任。当权利中"想要"的方向指向他人时(即想要他人做什么),便产生了对他人的期待,他人因此对权利人负有一种责任或义务。

人与人之间的社会关系,应当符合客观规律,不应当掺入任何人的主观成分,不应当受到任何主观个人情感的支配。也就是说,人与人之间的社会交往规律,应当符合事物运动、发展、变化的规律及自然规律,只有在客观的基础上,才能谈人类社会关系中的平等。

综上,意志、责任、客观是平等概念中的关键要素。

(1)意志。

从意志角度来看,平等的实质就是对人的独立的个人意志的尊重。意志独立是一个人具有独立人格的前提和基础。如果一个人的意志独立受到了人为的强制、干扰、欺骗、诱导和侵蚀,一个人就不可能拥有相应权利,也就不可能有独立的人格。从最广泛的社会范围来看,在一定场景下,一个没有相应权利的人是不可能与他人处于平等地位的,即便是一视同仁也不足以使他们处于平等的地位。

尊重个人意志,就是尊重其想法,即便该想法有些不合理或有些不切实际,甚至还有些许幻想成分,但只要不是侵害他人、侵害集体、侵害社会、侵害国家等的想法,都应当受到尊重。对于意志中含有的不合理、不切实际的成分,人们可以通过教育来提高其对事物的认识能力及其自身的认知能力。教育应当是在尊重的前提下使人接受的过程,而不是强制别人服从的过程。尊重个人意志,是平等的前提,是平等概念中重要的实质性内涵。

(2)责任。

---

① [苏联]列尼·巴日特诺夫:《哲学中革命变革的起源》,刘丕坤译,中国社会科学出版社1981年版,第81页。

责任中的期待，实质就是权利人对责任主体的"想要"或要求。责任主体在对待相关当事人时，要顾及他们的合理期待，要顾及所涉当事人的内心想法，对他们有责任心和责任感。责任要素的实质，就是要求责任主体不能减损相关当事人的权利。不受责任约束的、没有责任心和责任感的人，顶多只有平等待人之名，而难有平等待人之实。

（3）客观。

权利中的想法和责任中的期待的正当性、合理性和合法性，实质上就是摒弃其主观性成分，回归到客观实际中去。客观是平等概念中的基础性关键要素，若偏离了客观实际，平等便只不过是人的主观想象的产物，在社会现实中就不可能存在。

（五）正义概念的实质

1. 有关正义概念的学者观点及评析

（1）观点一及评析。

柏拉图认为："正义就是给每个人以适如其分的报答。"①

"适如其分"表明相关当事人的付出行为已经结束，正面临着对行为结果"得到"的分配问题，是对结果公平分配状态的描述。因此，柏拉图的有关正义的概念，反映的是公平的结果分配状态，而没有涉及实施公平的过程。如果在行为之初和行为过程中，缺乏"尊重当事人意志"的平等关系，那么当事人在合作之初所分配到的份额可能会存在不足的不公平状况，同时，在合作过程中也可能因所承担的义务与享有的权利不相称而存在不公平现象。我们不能仅仅以结果分配的公平来衡量和断定整个事情就是处于公平状态，更不能以此对整个事情做出正义的评判。"报答"一词说明，柏拉图的正义观没有涉及公正的状态，因为居中矫正的第三人不是所涉事情的当事人，不存在报答的私人情感。

（2）观点二及评析。

乌尔比安曾指出："正义是给予每个人应得的部分的这种坚定而恒久的愿望。"② 穆勒认为："坚持给予每个人应得之物的原则……不但是我们业已

---

① ［古希腊］柏拉图：《理想国》，郭斌和、张竹明译，商务印书馆 1986 年版，第 7 页。

② ［美］E. 博登海默：《法理学——法哲学及其方法》，邓正来、姬敬武译，华夏出版社 1987 年版，第 253 页。

界定的正义理念中不可分割的一部分，而且也是正义感指向的正确目标。"①

乌尔比安和穆勒的正义观，实质上是对行为过程之后的收获与得到的匹配关系进行评判，没有涉及行为过程中的公平状况。要知道，在行为之前或行为过程中，行为人若受到不平等或不公平对待，之后基于行为结果分配劳动果实时被给予应得的部分，也只不过是无奈的补救。

（3）观点三及评析。

罗尔斯在《正义论》说："本章一开始将首先描述正义在社会合作中的作用，简要的说明作为正义的主要问题的社会基本结构。……正义是社会制度的首要价值，正像真理是思想体系的首要价值一样。"② "正义的主要问题是社会的基本结构。或更准确地说，是社会主要制度分配基本权利和义务。决定由社会合作产生的利益之划分的方式。"③

罗尔斯的"正义的主要问题是社会的基本结构，或更准确地说，是社会主要制度分配基本权利和义务"的正义观，反映的是分配过程中公平的状态及评价；"决定由社会合作产生的利益之划分的方式"的正义观，反映的是矫正过程中公正的状态及评价。但罗尔斯的正义观并未涉及平等的前提性基础地位和作用。

（4）观点四及评析。

亚里士多德把社会正义原则具体划分为三类：分配的正义、补偿的或矫正的正义、交换的正义。④

亚里士多德对正义的分类，很好地诠释了正义的状态就是公平、公正的状态，正义是对公平、公正状态的评价，而不是指三者之间可以互换，也不是指三者在概念上等同。但亚里士多德没有注意到平等的正义，也没有注意到平等在正义中的前提和基础性地位。至于交换的正义，其因涉及当事人之间的利益分配过程，应当被归属到分配的正义一类。

正义是平等、公平、公正共同运行的结果，所描述的是社会整体状态，因此，不宜对正义进行种类划分。如果一定要对正义的种类进行划分，则应当将其分为平等的正义、公平的正义和公正的正义三类。

---

① ［英］约翰·斯图亚特·穆勒：《功利主义》，叶建新译，九州出版社 2007 年版，第 141 页。

② ［美］约翰·罗尔斯：《正义论》，何怀宏、何包钢、廖申白译，中国社会科学出版社 1988 年版，第 3 页。

③ ［美］约翰·罗尔斯：《正义论》，何怀宏、何包钢、廖申白译，中国社会科学出版社 1988 年版，第 7 页。

④ 参见［英］杰弗里·托马斯《政治哲学导论》，顾肃、刘雪梅译，人民出版社 2006 年版，第 150～151 页。

2. 正义概念中的关键要素

（1）正义的不确定性。

"正义有着一张普洛透斯似的脸（a Protean face），变幻无常，随时可呈现不同形状并具有极不相同的面貌。……从哲学的理论高度上来看，思想家与法学家在中世纪业已提出了各种各样的不尽一致的'真正'的正义观……。从社会秩序的实用主义层面来看，人们也已经采用了许多不同的思想进路去解决'善社会'（good society）的问题。"[1] 美国著名律师格里·思朋斯认为，"全部的正义只有在我们有能力将当事人带回到受伤害以前才能实现，如果我们能消除身体损害和精神伤害，并且能够起死回生的话"[2]。其同时认为，正义是个神话，是难以被定义的。

正义是对社会中平等、公平、公正状态的描述和评价。正义的状态是平等的状态，是公平的状态，是公正的状态。社会正义是一种整体的状态，是同时具备平等、公平、公正状态。而这三者要在人类社会现实生活生产过程中的每个节点都同时具备，随时对不平等和不公平现象进行矫正，以便及时恢复平等和公平的状态，其难度之大是难以想象的。平等、公平、公正三者是正义概念中的关键要素，正义是这三者共同运行的结果。

（2）对正义的态度。

尽管"正义有着一张普洛透斯似的脸（a Protean face），变幻无常，随时可呈现不同形状并具有极不相同的面貌"，人们对于正义状态的描述也不外乎强调精神向度或制度向度，或两者兼而有之。正义确有"普洛透斯似的脸"，但它首先必然体现为一种精神上的态度。人们不否认这种精神态度有个体上的差异，存在某些不可通约的因素，但也必须承认共识性意愿和要求的存在，如"各得其所"的意愿和要求就是共识性意愿和要求。人们往往以此来指导自己的行为，并以此来评价他人和国家的行为。某种事物只要能尽量使每个人获得其应得的东西，则往往被视为是正义的。这些共识性的意愿和要求维系着一个社会和国家的存在和发展。[3]

"对正义的寻求终止于内心的确信，而对这种确信的做出又是以在公正制度中生活的期望为动机而得以确定，并经过由程序形式主义保证其公平性

---

① ［美］E. 博登海默：《法理学：法律哲学与法律方法》，邓正来译，中国政法大学出版社1999年版，第252页。

② ［美］格里·思朋斯：《胜诉：法庭辩论技巧》，牟文富、刘强译，上海人民出版社2008年版，第183页。

③ 参见宋方青《论地方立法的真善美及其实现》，载《学习与探索》2010年第1期，第89页。

的正义规则所认可的。"①

"分配正义所主要关注的是在社会成员或群体成员之间进行权利、权力、义务和责任配置的问题。"②"体现在立法的指导上，就是要使权利与义务、权力与责任等的规定处于一种合理状态。"③

在人类社会整体范围内，由于平等、公平和公正的社会状态处于变化不定的状态，人们难以在人类社会整体范围内对其进行全面有效的把握，并可能因此形成变幻无常的仿佛"普洛透斯似的脸"的正义状态，令人捉摸不定。但我们并不能因此得出"正义是一个神话"的结论，也不能因此而放弃对正义的追求。放弃对正义的追求，意味着放弃对平等的追求，意味着放弃对公平的追求，也意味着放弃对公正的追求。放弃对正义的追求，还意味着放弃对客观事物运动变化规律的追求和对自然规律的追求，其后果就等于放弃了对人类社会进步发展的追求，这样的话，人与自然和谐共生的状态就很难实现。

（六）平等、公平、公正、正义之间的关系

平等的实质是对当事人意志的尊重。平等是公平、公正和正义的前提和基础。公平过程和公正过程，以尊重当事人意志的平等观念为起点，并将其贯穿于整个过程。若不能做到尊重当事人意志或在公平公正的过程中不能始终保持这一点，就不可能有公平的分配关系和公正的矫正关系，进而不可能实现社会正义。

公平与公正之间的关系，前文已经详细阐述过，此处不再赘述。

正义是对平等、公平、公正的过程和结果进行的评价。正义本身没有独立的过程，是对平等、公平、公正在社会生活中得以实现的描述，而且不是对其中某一种过程和结果的描述和评价，是对两者或三者的结合的描述和评价。如果两者或三者都实现了，才能被称为正义。这分为两种情况，一种是，如果没有矫正过程，那么平等与公平的过程和结果都实现了，才叫正义；另一种是，如果有矫正过程，那么在矫正的过程中必须同时做到平等、公平和公正，才能称得上是正义。至于矫正前的状态，其本身就是不

---

① ［法］保罗·利科：《论公正》，程春明译，法律出版社2007年版，第17页。

② ［美］E. 博登海默：《法理学：法律哲学与法律方法》，邓正来译，中国政法大学出版社1999年版，第265页。

③ 李林：《立法理论与制度》，中国法制出版社2005年版，第7页。

平等或不公平的现象，所以不能被认为是正义的状态，反而应当被认为是反正义的状态。公平是亚里士多德的分配的正义，公正是亚里士多德的矫正的正义。

综上所述，平等是社会交往的前提和基础，如果没有对人的意志的尊重，人与人之间就不可能有公平的往来，不可能有公平的分配过程，不可能有公正的矫正过程，也不可能有所谓的正义。平等是公平和公正概念中的应有之意，不可被分割出去。公平是社会交往的正常状态，是社会交往的实质，是在社会交往的过程中对平等的践行。公正因公平而来，目的是矫正社会上不公平的现象，恢复社会公平。公平是公正存在的目的和基础，没有公平的存在，公正便失去存在的前提和基础。公正是实现公平的手段，是促使一切社会关系走向公平的必要的手段和工具。公平是公正存在的价值判断。没有平等、公平、公正，就没有正义，正义是对平等、公平、公正的判断。

八、权利与义务的关系

（一）权利与义务的关系的三种基本形态

权利与义务的关系也有三种基本形态。第一种基本形态表示权利与义务正好匹配；第二种基本形态表示因未付出足够的义务而无法取得相应权利，或者未付出足够的义务便得到了相应的权利；第三种基本形态表示所付出的义务超过了取得相应权利所需的义务。这三种基本形态能够很好地诠释权利与义务之间的关系。

（二）第一种基本形态

第一种基本形态表明，权利人通过自己的行为实现了自己的"想要"。权利中的"想要"有两种方向：一是纵向，不指向任何人，如学生努力学习、农民辛勤耕耘自家田地、猎人打猎等不发生人与人之间交往情况下的人的权利；二是横向，指向他人、集体、社会、国家等，如想买他人的房产、想要集体给予一定的利益、想要社会予以尊重、想要得到国家的保护等处于人与人之间交往情况下的权利。

后一种情况下的权利需要承担实现权利的相应义务，履行了规定的义务，就能实现相应的权利，权利和义务处于相匹配的状态；而前一种情况下的权利，则需要权利人有相应的付出，其实质就是义务，只不过在社会生活中人们习惯将其称为付出罢了。前一种情况描述的是"付出有了回报"的匹配状态，后一种情况描述的则是"享有权利就要承担相应的义务，没有无义务的权利，也没有无权利的义务"的匹配状态。

我们不能用"权利与义务平衡"这种抽象性语句来描述权利与义务之间的匹配关系，也不能用"享有多少权利就应承担多少义务"的简单等量关系式来描述权利与义务之间的匹配关系。有时，人们为实现某项权利，要付出很多很多。权利与义务之间的关系是目的与手段的关系，权利是目的，义务是实现权利的手段，它们之间不能简单地在数量上画等号。

（三）第二种基本形态

第二种权利与义务的关系的基本形态从行为的过程来看，权利人的权利之所以没有实现，是因为权利人的付出还不够，或者取得权利所要承担的义务还没有被完全履行，或者所履行的义务不符合或不完全符合法定要求或约定要求。基于此，第二种权利与义务的关系的基本形态多数情况下不涉及人类社会中的公平、公正和正义等问题。

从行为的结果来看，尽管没有付出足够的义务，但相应的权利实现了。这里存在两种情况：一种情况是，义务与权利之间的差，由社会中正当的爱或情感来填补了，这种情况不影响公平、公正和正义的实现；另一种情况是，在用来补差的正当的爱或情感缺失的情况下，相应的权利实现就意味着不公平、不公正和非正义的情况出现了，应当对此予以摒弃。

（四）第三种基本形态

第三种权利与义务的关系的基本形态也分两种情况。

一种情况是权利人自愿、同意或默许。在自愿或同意（当然是指权利人真意表达下的自愿或同意，不存在任何外来强制力的施加）的情况下，这体现了权利人甘于奉献的精神、大公无私的精神、不计个人得失的思想境界。在默许的情况下，其一，权利人可能志存高远，根本不在意眼前的得失，而是着眼于长远利益，任由利益分配者自行操作；其二，权利人看重的是付出过程中的收获和感悟，一心一意地去提升做事过程中的智慧、增强自己的能力，成长自我、壮大自我，在未来更高的层面上使收获与得到相匹配。

另一种情况是在没有取得权利人自愿、同意或默许的情况下，这意味着权利人多付出的义务被利益分配者无情地掠夺了。这显然属于社会上的不公平、不公正和非正义的情况，我们应当坚决地予以抵制和消除，否则会大大挫伤劳动者的劳动积极性，阻碍社会良性发展，破坏人类社会文明发展进程。

（五）权利与义务的相互规制关系

权利中的"想要"应当受到正当性、合理性、合法性的规制。权利作为一种"想要"，首先，应当具有正当性，有正当性理由，其想法不能侵害到其他主体的正当利益，不能违背道德要求，而且是可以通过正当途径实现的。其次，应当具有合理性，有合理性根据，符合事物发展规律。最后，应当具有合法性，权利人的想法不能侵害到其他主体的合法权益，其"想要"必须符合国家的意志，方可被法律所认可。不正当、不合理、不合法的"想要"，既不创设任何权利，也不创设任何义务。义务只受到正当权利、合理权利和合法权利的规制。

义务是权利中"想要"的横向指向，即在社会交往关系中，义务一方是权利一方"想要"的所指，是接受权利方要求的一方。义务由于是一种"被想要"，与权利中的"想要"属于同一事物，因此，同样受到正当性、合理性、合法性的规制。此外，义务还要受到义务方自身能力和条件的规制，权利方不能要求义务方承担其所具备的能力和条件之外的义务。违背正当性、合理性、合法性及能力和条件规则的情况，不产生任何义务。

（六）权利与义务相互转化

权利和义务，虽然属于意志范畴，但它们最终都要落实到行为之中，以行为的形式体现出来。同样一个行为，既可能是权利行为，也可能是义务行为，例如，《宪法》规定，受教育和劳动既是权利，又是义务。

同样一个行为，因"想要"的主被动性不同，权利与义务之间可以相互转化。某一行为是权利行为，还是义务行为，要看行为主体的想法处于一种怎样的状态。如果是行为主体想要这样行为，该行为便是行为主体的权利；如果是外界要求行为主体这样做，那么该行为便是行为主体的义务。如此看来，无论是法定行为还是约定行为，都必须确定无疑地清晰记载法律主体的想法，不能模棱两可，否则，法律或合约中的权利和义务都会处于不明朗的状态，不利于法律运行机制中社会实践的良性运转。

此外，还需重点强调的是，权利和义务最终都体现在法律主体社会实践的行为上。在法律规范中，法律主体的所有行为都是在法律意志和法律目的的要求下进行的，是法律意志和法律目的对法律主体的"想要"。从这个角度来看，法律主体在法律规范范围内的所有行为，都是为了实现法律意志和法律目的的手段，都是义务行为。人们通常讲的"权利与义务"在法律规范范围内是相对概念，在理解时要看法律主体行为背后的期待。

第七章 责任下法律运行机制的内部构成要素

　　法律是善与平等、公平、公正的艺术，法律是正义的体现。惩恶扬善是法律的最基础的目的和宗旨，也是良法之治的必然要求。要实现惩恶扬善的法律最基础的目的，法律的规定便应当是对善的弘扬，对恶的惩治。法律应当是善法或良法，而不应当是恶法。恶法不但不是法律，而且是破坏平等、公平、公正和正义的帮凶。如果要求人们遵守恶法，这无疑是对善与平等、公平、公正的蹂躏，是对正义的践踏。

　　立法机制、执法机制、司法机制、律师法律服务机制、守法机制等，是法律运行机制的内部构成要素。一部法律的出台、生效及公布实施，是立法机制运行的结果，一方面是为了实现平等正义及权利和义务分配过程中的公平正义，被称为"立法公平"；另一方面是为了矫正社会不公平的现象，实现公正正义，被称为"立法公正"。一部法律在社会实践中开始实施，要求执法机关依据事实和法律严格执法，是执法机制运行的结果，主要是为了实现平等正义及矫正权利义务过程中的公正正义，被称为"执法公正"。在诉讼过程中，"以事实为依据，以法律为准绳"能解决法律纠纷和冲突，是司法机制运行的结果，主要是为了纠正社会现实中侵犯其他主体权利的违法犯罪行为，实现公正正义，被称为"司法公正"。律师在向社会提供法律服务的过程中，有两个主攻方向，一是在法律纠纷产生前，依据法律参与当事人之间权利与义务的公平分配过程；二是在法律纠纷产生之后，依据法律矫正不平等、不公平和不公正的法律现象。这两个主攻方向是律师法律服务机制运行的结果，主要为了在社会实践中将立法公平、立法公正、执法公正、司法公正付诸实施。我们可以将第一个主攻方向称为"律师公平"，将第二个主攻方向称为"律师公正"。遵守法律规定或不做违法犯罪的事是守法机制的主要目的和重要体现，但不是守法机制运行的重心。守法者思想境界、法学教育建设、法制宣传建设、道德建设、文化建设、认知能力建设、行为文明建设、协助精神建设、正义感建设才是守法机制运行的重心和灵魂所在，是守法机制运行的结果，主要目的是实现守法平等和平等正义。

　　法律运行过程是给社会带来善、平等、公平、公正、正义的运行过程。法律在立法机制中产生，一经产生，就在社会实践中发挥作用，开始运行。

首先是守法机制的启动，任何国家机关、组织、单位、集体及公民个人，都必须依据法律行事，在法律范围内活动，不得违反法律规定的权利与义务，不得违反法律赋予的职责和责任。守法机制运行的理想效果是，全社会依法行事，法律在社会实践中安静地运行，整个社会都在法律的指引下有效运转，没有违法犯罪现象的躁动，这也是法律运行机制在社会实践中良性运转的效果。其次是执法机制的启动，当社会实践中出现违法犯罪现象时，法律运行的那份宁静便被打破，执法机制就要随之运行起来，严格执法，矫正违法行为、控制犯罪行为人，以恢复法律运行的宁静。再次，当法律纠纷和法律冲突需要进入司法程序时，司法运行机制便随之启动，通过诉讼活动，解决法律纠纷和冲突，惩罚违法犯罪行为，恢复法律运行的初始状态。当然，这里需要说明一点的是，除了在行政诉讼中，执法机制与司法机制的运行有先后顺序之外，在其他情况下，两者没有先后之别，可能会只见到执法机制的运行，或者只见到司法机制的运行。二者各自处于独立的运行状态，"先后"只是处理问题的程序和方式问题。最后，在需要律师向社会提供法律服务的情况下，律师法律服务机制的运行便伴随守法机制、立法机制、执法机制和司法机制的运行而起作用，在实现平等正义、公平正义和公正正义的过程中起到至关重要的作用。

由此可见，在法律运行机制中，立法机制、执法机制、司法机制、律师法律服务机制、守法机制各自承担了自身的主要目标、任务和责任，但它们同时又是法律运行机制的内部构成要素，存在相互联系、相互依存、相互制约、相互作用、协调运转的关系，并因此而形成一种各要素相互联系、相互制约的活动体系，发挥着自我调节和社会控制功能。从身份角度来看，立法机制、执法机制、司法机制、律师法律服务机制、守法机制存在于法律运行机制下，在法律运行机制的主导下运行，不能各自为政，彼此独立。

法律运行机制有自己内在的运行规律，"法律工作者自身建设""自我调节""各要素之间协调运转""社会控制和管理功能"等，是法律运行机制运行规律中的关键要素，是法律运行机制的内部功能和外部功能的集中体现，也是法律运行机制的基础性内涵。法律运行机制的基本内涵和关键要素提醒着广大法律工作者，不仅要注重法律运行机制的内部各要素及其相互关系的建设，而且要注重法律运行机制的外部社会控制功能的建设，注重把握两者相辅相成的辩证关系。法律运行机制的外部社会控制功能强弱决定了法律运行机制的好坏。如果外部社会控制功能发挥不到位，那么，再好的内部机制也只是一种形式上的摆设，一种法律工作者的形象工程而已。

类似于树状规律的层面性，法律运行机制是自然这一树干上人类社会这一分枝中的一个分枝，而立法机制、执法机制、司法机制、律师法律服务机制和守法机制分别是法律运行机制这一分枝上各自独立的小分枝。立法机制、执法机制、司法机制、律师法律服务机制和守法机制虽然有他们各自的关键要素和运行规律，但他们作为小分枝，不能脱离法律运行机制的运行规律，应从法律运行机制的运行规律中汲取养分，受其支配和控制。这就要求立法机制、执法机制、司法机制、律师法律服务机制和守法机制成为具有相互联系、相互依存、相互制约、相互作用、协调运转的关系的有机统一体，共同服务于法律运行机制。

当然，立法机制、执法机制、司法机制、律师法律服务机制及守法机制，它们本身有各自的内部构成要素，而这些构成要素之间也同样是具有相互联系、相互依存、相互制约、相互作用、协调运转的关系的有机统一体。它们各自内部构成要素的运行分别构建了立法运行机制、执法运行机制、司法运行机制、律师法律服务运行机制及守法运行机制，形成了相对独立的体系。限于篇幅，本书无意涉及立法运行机制、执法运行机制、司法运行机制、律师法律服务运行机制及守法运行机制的各自具体的运行状态，而只涉及立法机制、执法机制、司法机制、律师法律服务机制、守法机制各自内部构成要素的组成样态及它们作为法律运行机制内部构成要素的相互联系、相互依存、相互制约、相互作用、协调运转的关系。另外，法律运行机制各内部构成要素相互之间的运行原理，同样适用于立法运行机制、执法运行机制、司法运行机制、律师法律服务运行机制及守法运行机制的内部构成要素之间的运行原理。

一、立法机制的构成要素及其运行规律

（一）立法机制的构成要素

立法机制的构成要素，不能由人们主观臆想而得出，应当围绕立法目的或法律目的的合理形成及实现、良法的出台以及各构成要素相对独立的运行规律进行构建。第一，应当有由立法者（这里指的是人）组建的立法机关的存在，以解决立法权的行使问题；第二，应当有由包括法学专家在内的专家和学者组成的立法目的或法律目的研究部门的存在，以解决立法目的或法律目的的客观性和合理性问题；第三，应当有对立法进行预测、规划和创议的立法调研部门，以解决立法的社会需求问题；第四，应当有立法决策部门，以解决立法上的民主与集中问题；第五，应当有由法律专家和学者组成的立法法案起草部门，以解决法律条文的表述问题；第六，应当在立法机关专门设立立法提案部门，专门研究有关立法提案事项，以确保立法提案顺利进入立法审议阶段；第七，应当有独立的立法审议委员会，以解决对立法提案的专门审议、表决、通过、公布、生效等问题；第八，应当设立由法学专家和学者组成的专门的立法解释机构，以解决法律条文模糊不清的问题；第九，应当有专门研究法律的修订、补充和废止的法律修改委员会，以解决具体法律规范在社会实施过程中遇到的问题，从而充分发挥法律的价值，使其更好地服务于社会实践；第十，应当有专门的反映法律在社会实践中的运行状况的信息反馈部门，专门负责与执法机制、司法机制、律师法律服务机制及守法机制之间的联系和沟通工作，以便及时关注法律在社会实践中的运行状况，向法律修改委员会提供有关法律的修订、补充和废止的信息，向立法决策部门提供新法的制定信息；第十一，应当有相对独立的法律汇编部门，专门负责解决法律的整理和法律的汇编工作，以解决法律条文之间矛盾和冲突的问题，及时向法律修改委员会汇报相关信息；第十二，应当有立法权限审查委员会，专门负责审查各种不同的立法机关的立法权限范围问题、立法权限滥用问题、立法权限冲突问题及立法权限行使过程中出现的问题，以避免出现立法不当、立法权限冲突、立法腐败等立法乱象；第十三，应当有立法工作者自身建设部门，专门负责立法工作者自身建设的问题，解决立法软件工程的建设问题，以确保每一位立法工作者都能全身心地投入立法工作，并拥有强烈的责任心和责任感。

综上所述，立法机制内部构成要素应包括：立法机关、立法目的或法律目的研究部门、立法调研部门、立法决策部门、立法法案起草部门、立法提案部门、立法审议委员会、立法解释机构、法律修改委员会、信息反馈部门、法律汇编部门、立法权限审查委员会及立法工作者自身建设部门这十三种相对独立的机构和部门。

（二）立法机制的内部构成要素之间的关系

在立法机制的十三个内部构成要素中，立法机关是立法机制的首脑机关，掌握着国家立法权的行使。其他十二个内部构成要素，则是立法机关的分支机构，是各自相对独立的职能机构或部门，共同服务于立法机关，表达立法机关的意志。

在立法机关的统领下，各内部构成要素之间相互联系、相互依存、相互制约、相互作用、协调运行，共同作用于立法机制的良性运转，作用于立法目的或法律目的的合理形成及实现，作用于立法机关的良法的出台。而这一切都离不开立法机制所肩负的责任。若失去了国家、社会、法律主体等的期待，立法机制便既不可能被良好地构建，也不可能处于良性运行状态以发挥其应有的社会功效。

（三） 立法机制的运行规律

事物的规律有善与恶、好与坏、良性与恶性之分和价值判断，最终的判断标准和依据是自然规律的取舍。因此，事物的规律的价值判断不是由人的主观好恶决定的，而是客观的、不以人的意志为转移的。事物的规律的良性或恶性，取决于规律中关键要素的质地，质地合乎自然规律则为事物的良性规律，否则便为事物的恶性规律。

立法机制的运行规律，当然属于良性规律，其通过立法机制的有效运行，向法律运行机制输送正确的法律目的或立法目的，以及符合事物规律和自然规律的良法。据此，立法机制的运行规律的关键要素为：①立法工作者要有较高的思想高度和良好的自身建设；②立法机关及其各部门、机构，要有责任心和责任感；③立法机关各部门、机构之间应时刻保持高度协调和积极合作的状态，保持高度一致和敏捷快速的反应能力。

立法机制在法律运行机制中起到了前提性作用，为法律运行机制提供了运行本原良法。法律运行机制在社会实践中的运行效果取决于法律及时、快速、有效的出台、修订、废除，否则，将导致法律运行机制本原的缺失。立法机制三大关键要素运行的直接目标是要确保良法及时有效地出台。

现代法治社会，法律是国家对社会实行管理的最重要的工具，是实现社会文明的重要途径，是国家动用国家强制手段保护社会和民众最正当的手段。只要国家意志需要、社会意志需要、法律主体意志需要、国情需要，都可以立法，也必须立法。

二、执法机制的构成要素及其运行规律

（一）执法功能

"天下之事，不难于立法，而难于法之必行。"① 可见，"确保法律在社会实践中有效实施"是行政执法的基础性功能。前文已经分析过，法律一旦产生，一般就开始在社会实践中运行起来。即使在法律公布后、生效前，该法律也会对相关领域的社会民众发挥相应的作用，人们会按照即将在社会实践中实施的该法律对自己的行为进行相应的调整或做准备工作，以便将来迅速适应法律规范中的规定。等到法律正式生效之后，人们便开始按照法律规范中的内容行事，即用法律意志来控制和支配自己的行为。法律的实施实质上就是法律在社会实践中的正常运行。然而，法律在社会实践内运行的过程中，会受到人为的阻碍，这时，违法现象便由此产生。这种违法现象的出现，一方面会阻碍法律意志和法律目的的实现进程，另一方面会侵害公共利益和守法者的合法权益。由此可见，行政执法功能除了"确保法律在社会实践中有效实施"的基础性功能之外，还包括"保障法律意志和法律目的的实现"的目标性功能、"维护公共利益"的行政管理功能及"保护守法公民合法权益"的行政服务性功能。

1. 确保法律在社会实践中有效实施

良法的出台是立法机制运行的结果，而良法一旦出台，一般就开始在社会实践中运行，其正常的运行状态就是法律的实施状态。确保法律在社会实践中正常运行的重任就自然落到了行政执法机关的身上，因为行政机关拥有社会大众赋予其的权力，是社会大众权利的集中，具有比一般民众、单位、集体、其他组织更加强大的力量。因此，由行政执法机关来承担"确保法律在社会实践中有效实施"的责任，是国家、社会、法律主体的合理期待。

2. 保障法律意志和法律目的实现

所有的法律都是为解决社会问题而生，都带有目的性，都体现了国家立法机关制定法律想要做什么，想要达到什么样的社会效果，想要通过法律手

---

① ［明］张居正：《张居正奏疏集（下）》，潘林编注，华东师范大学出版社 2014 年版，第 422 页。

段将社会控制到什么样的状态。这就是法律目的或立法目的。这一基础性功能意味着，行政机关的行政执法行为是其必须履行的法定义务，而且要不折不扣地执行。因此，行政执法机关不执法、怠于执法、越权执法、钓鱼执法、执法不严等行为，都是违反其法定义务的行为，应当承担相应的责任。

3. 维护公共利益

社会实践中有些违法行为虽然不会直接侵害守法公民的合法权益，但会侵害行政机关行政管理职权，侵害社会公共利益。而维护社会公共利益通常是行政管理方面法律法规的立法目的，因此，行政执法机关通过对违反这类法律法规的行为人实施行政处罚来维护公共利益，以充分发挥行政执法机关的行政管理职能。

4. 保护守法公民合法权益

通常，损害公共利益的行为（如排放废气废水、倾倒废渣、损毁文物、破坏城市设施、扰乱公共秩序等）不会直接影响到或短期内不会直接影响到守法公民个人的合法权益，但有些违法行为会直接损害守法公民个人的合法权益（如销售有毒有害的商品、销售假冒伪劣商品、以次充好、强买强卖等）。这些违法行为在直接侵害守法公民个人的合法权益的同时，也侵害了公共利益。行政执法机关在执法过程中，对这样的违法行为应当予以惩处，以保护守法公民的合法权益，同时维护公共秩序。

（二）执法机制内部构成要素及要素间的关系

1. 执法机制内部构成要素

由行政执法功能衍生出来的执法机制内部构成要素应当包括：执法机关、执法决策部门、执法预测部门、执法规划部门、执法审议部门、执法案件处理部门、执法信息反馈部门、执法监督部门、执法检查部门、行政复议部门、执法责任追究部门及执法人员自身建设部门等。

行政执法不能坐等违法事件发生之后，再去处理违法行为，不能被动执法，而应当主动出击，提前规划、预测和防范，消除违法隐患并将违法事件消灭在危害发生前。如果等到违法事件发生之后再去执法，那么，法律在社会实践中的正常运行就已经受阻，法律目的、公共利益、守法公民的合法权益已经受损，从而难以确保法律在社会实践中的有效实施。如果行政执法机关始终处于被动执法状态，那么其他专门机构和部门就形同虚设，而且执法行为也不可能达到熟能生巧的程度，这将在很大程度上降低行政执法机关的执法灵敏度。

此外，行政执法权可能会遭到滥用。"一切有权的人都容易滥用权力，这是万古不变的一条经验。有权的人使用权力一直到遇有界限的地方才休止。"① 行政执法权不是由立法权和司法权来监督和约束的。立法、执法和司法三者的关系，不是表面上那样相对独立的关系，而是国家权力运用的关系。三者从专业领域上来看是相对独立的，但在意志上绝不是独立的状态，都要受到国家意志或法律意志的支配和控制，绝不可游离于国家意志或法律意志之外。术业有专攻，立法、执法和司法应各自做好自己的本职工作，承担起自身应负的责任，"相互监督"是不属于各自的职责范围内的。因此，若要避免滥用监督行政执法权，唯一的办法就是建立健全执法机制，做好每一个环节。

2. 执法机制内部构成要素间的关系

在执法机关的统领下，各内部构成要素之间相互联系、相互依存、相互制约、相互作用、协调运行，共同作用于执法机制的良性运转，促使行政执法功能在社会实践中能得到有效的实施。执法机关之外的执法机制内部各构成要素实行专业化分工，各司其职，具有相对独立性，但这种相对独立的关系是在执法机关的控制和支配下运行的，都是在践行执法机关的意志。因此，这里的相对独立指的是专业性和职责方面有所区别，而不是部门或机构的意志独立。

（三）执法机制的运行规律

执法机制的运行规律同样属于良性规律范畴，其通过执法机制的有效运行，确保法律在社会实践中有效实施、保障法律意志和法律目的的实现、维护公共利益及保护守法公民的合法权益。据此，执法机制的运行规律的关键要素为：①执法工作者要有较高的思想高度和良好的自身建设；②执法机关及其各部门、机构，要有责任心和责任感；③执法机关各部门、机构之间应时刻保持高度协调和积极合作的状态，保持高度一致和敏捷快速的反应能力。

---

① ［法］孟德斯鸠：《论法的精神（上册）》，张雁深译，商务印书馆1961年版，第162页。

三、司法机制的构成要素及其运行规律

（一）司法功能

1. 对司法功能进行认知的过程

（1）就司法裁判过程及其效果进行列举。

"就司法裁判过程及其效果进行列举"认识法，是人们早期认识司法功能的方法，也是通行的认识方法。例如，丁国强主张，司法的功能是解决纠纷、制约权力，或者主张司法功能的维度在于限制权力、保障权利;[①] 周永坤认为，司法具有"维护秩序与最低限度的社会公正、保障权利、捍卫人的尊严""维护法律权威""控权"等功能;[②] 姚建宗认为，司法的功能包括"审判功能——对社会纠纷的裁决""控权功能——对行政行为的司法审查""补法功能——对法律的创制与解释""护宪功能——违宪审查权的行使"[③]；姚莉认为，司法具有"解决纠纷、配置权力和维护法律的统一的三大功能"[④]；张文显认为，"司法担当着权利救济、定分止争、制约公权的功能"[⑤]。

"司法机关运用国家审判权，依据事实和法律对法律纠纷和冲突进行审理和裁判，制裁和惩罚违法犯罪，保护当事人的合法权益"是司法机制运行过程中的司法裁判部分，而不是全部。若将对司法功能的认识局限于司法机制运行中的一部分，显然，这将使人难以了解司法功能的全貌。又由于列举不能穷尽，难怪有学者不禁发问，"司法还会不会有某些方面目前不明显或看不到的功能"[⑥]。

（2）抽象归纳性认识。

谭世贵将司法的功能抽象地概括为惩罚功能、调整功能、保障功能、服

---

① 参见丁国强《司法功能的两个维度》，载《人民法院报》2015 年 12 月 14 日，第 2 版。

② 参见周永坤《法理学——全球视野》，法律出版社 2016 年版，第 283 页。

③ 姚建宗：《法理学》，科学出版社 2010 年版，第 425～431 页。

④ 姚莉：《功能与结构：法院制度比较研究》，载《法商研究》2003 年第 2 期，第 123 页。

⑤ 张文显：《司法的实践理性》，法律出版社 2016 年版，第 3 页。

⑥ 孙笑侠：《论司法多元功能的逻辑关系——兼论司法功能有限主义》，载《清华法学》2016 年第 6 期，第 9 页。

务功能和教育功能。① 孙笑侠提出了"法理功能—社会功能"说，认为"司法可区分为法理功能与社会功能。前者是固有的和基本的；后者是延伸的和派生的"。司法的法理功能是司法活动本身所具有的本体功能，包括辨别是非、释法补漏、定分止争、维权护益、控权审规、定罪量刑等；司法的社会功能是司法活动所产生的客观社会效果意义上的功能，包括缓解社会矛盾、促进社会经济、引领社会风气、建构法治秩序、解决政治困境等，"司法的社会功能和社会效果必须要通过法理功能才能得以实现"②。左卫民提出了"直接功能和延伸性功能"的观点，认为，前者即解决纠纷，后者包括控制功能、权力制约功能、公共政策的制定功能。③ 蒋红珍和李学尧共同提出了"原初功能和衍生功能"的观点，认为原初功能是指纠纷解决功能，衍生功能包括维护法律与规则创设、权力制约与权利保障、社会控制与政策推进。④

抽象归纳性认识方法，克服了"列举法"的认识局限性，将对司法功能的认识由司法裁判过程及其效果深入社会层面，这对司法功能的认识来说是一次质的飞跃。

（3）社会治理角度。

针对司法功能认识的不足，有学者提出"被动功能—能动功能"学说，认为司法不仅在被动地发挥着保障公民的消极权利和消极自由、防止国家权力对公民消极权利和消极自由的侵犯的功能，也在积极地发挥着能动作用，促进国家与社会的互动和社会的变迁。⑤ 郑智航认为，司法功能是"积极参与社会管理创新，并努力推动我国社会秩序的形塑"⑥。杨建军认为，司法功能是"充分发挥司法的灵敏性、反思性、微调性等特质，促进司法社会治理各外在目标的实现"⑦。有学者提出了"制度性功能—非制度性功能"学说，认为，司法要在实践中通过制度性功能来重塑规则和价值世界；通过其非制度性功能，"尤其是要通过做群众工作来温暖人心、安顿心灵"，"确保纠纷

---

① 参见谭世贵《中国司法制度》，法律出版社 2008 年版，第 122 页。

② 孙笑侠、吴彦：《论司法的法理功能与社会功能》，载《中国法律评论》2016 年第 4 期，第82 页。

③ 参见左卫民《法院制度功能之比较研究》，载《现代法学》2001 年第 1 期，第 43 页。

④ 参见蒋红珍、李学尧《论司法的原初与衍生功能》，载《法学论坛》2004 年第 2 期，第92～97 页。

⑤ 参见郑智航《国家建构视角下的中国司法——以国家能力为核心》，载《法律科学（西北政治大学学报）》2018 年第 1 期，第 35 页。

⑥ 郑智航：《法院如何参与社会管理创新——以法院司法建议为分析对象》，载《法商研究》2017 年第 2 期，第 32 页。

⑦ 杨建军：《通过司法的社会治理》，载《法学论坛》2014 年第 2 期，第 23 页。

化解实现法律效果、社会效果和政治效果相统一"①。方乐认为，应当将司法与美好生活相关联，在化解纠纷之外，司法还应具有通过化解纠纷来恢复社会秩序、确证社会价值、安顿人心、安抚社会情绪、开启关于"什么是美好生活"的公共讨论的功能，以及以司法规则形塑社会规则、以司法公正引导社会公正、以司法理性倒逼社会理性的功能。②

从社会治理角度认识司法功能，是目前学界对司法功能的最新认识，也是比前两种认识更为高级、更为全面、更为正确的认识。

2. 对司法功能的正确认识

对司法功能的认识，不应当局限在司法审理和裁判等狭小层面，应当将其放在法律运行机制的运行层面。司法机制作为法律运行机制内部构成要素之一，应当为实现法律运行机制的目标服务，应当找准自身在法律运行机制中的位置和作用。法律运行机制在社会实践中是不断朝着其目标实现的方向运行的，其内部构成要素各自肩负着自身的重要责任和使命，充分发挥着各自的功效，共同保障法律运行机制有效运行。

从表面上看，法律纠纷和冲突是权利义务之争，是利益冲突；实质上，这是当事人的世界观、人生观和价值观的冲突，是关于法律意志、法律运行机制的目标和法律目的的认知性错误。当这些问题通过其他手段和途径无法解决时，司法作为最后一道防线，理应在最后的关口解决上述问题。如果司法功能局限在纠纷解决和当事人利益保护上，而违法犯罪的根源没有在司法层面被消除，那么，这种靠强大的国家强制措施解决的法律纠纷和冲突，只是暂时得到了处理，法律运行机制中的隐患仍然存在，司法机制运行的功效也将大打折扣。因此，若要正确认识司法功能，人们应当将司法机制纳入法律运行机制中进行考量。其直接功能是为法律运行机制的良性运行服务，其最终功能是为人类文明服务。

（二）司法机制内部构成要素及要素间的关系

1. 司法机制内部构成要素

从司法的概念、司法功能、司法实践及司法机制良性化角度来看，司法

---

① 方乐：《纠纷解决与美好生活——转型中国司法的政治意涵》，载《江海学刊》2020 年第 3 期，第 138 页。

② 参见方乐《纠纷解决与美好生活——转型中国司法的政治意涵》，载《江海学刊》2020 年第 2 期，第 145 页。

机制内部构成要素包括司法机关、法官遴选、司法审判、司法解释、司法咨询、司法调解、审判监督、司法评估、审判流程管理、审判质量评查、责任追究、司法信息反馈等。

2. 司法机制内部构成要素间的关系

在司法机关的统领下，各内部构成要素之间相互联系、相互依存、相互制约、相互作用、协调运行，共同作用于司法机制的良性运转，促使司法功能在社会实践中得以有效实施。司法机关之外的司法机制内部各构成要素实行专业化分工，各司其职，具有相对独立性，但这种相对独立的关系是在司法机关的控制和支配下运行的，都在践行司法机关的意志。因此，这里的相对独立指的是在专业性和职责方面有所区别，而不是部门或机构的意志独立。

（三）司法机制的运行规律

司法机制的运行规律，同样属于良性规律范畴，其通过司法机制的有效运行，确保法律运行机制有效运行、保障法律意志和法律目的得以实现。据此，司法机制运行规律的关键要素为：①司法工作者要有较高的思想高度和良好的自身建设；②司法机关及其各部门、机构，要有责任心和责任感；③司法机关各部门、机构之间应时刻保持高度协调和积极合作的状态，保持高度一致和敏捷快速的反应能力。

四、律师法律服务机制的构成要素及其运行规律

（一）律师向社会提供法律服务的价值

1. 确保法律在社会实践中正常运行

在社会上未出现法律纠纷和冲突之前，律师通过为社会提供法律咨询服务、法律顾问服务、律师谈判服务、法制宣传服务，向当事人和社会大众讲解和宣传法律的目的和法律的精神，讲解和宣传法律的意志及其客观性和规律性，促使当事人和社会大众在法律意志的控制和支配下行事，确保法律在社会实践中的运行不受阻碍，从而有效避免违法犯罪现象的发生。

"确保法律在社会实践中正常运行"的价值是律师向社会提供法律服务

的首要价值。律师的首要价值不是在诉讼案件中进行代理或辩护，毕竟国家通过法律的手段对社会实行统治、管理和控制，就是期待整个社会处于尊重、友爱、互助、和平的人际关系美好的现实状态，期待法律纠纷和冲突越少越好。如果"代理或辩护"成为律师法律服务中的首要价值，那显然是与国家的上述法律治理的期望背道而驰的，也不符合律师所肩负的来自国家、法律及社会各界的责任。

2. 恢复法律在社会实践中的正常运行状态

当法律在社会实践中的正常运行状态因当事人的违法犯罪行为而受阻时，除了行政执法机关和司法机关负有恢复法律在社会实践中的正常运行状态的责任之外，作为社会法律工作者，律师也同样肩负着这样的责任。"恢复法律在社会实践中的正常运行状态"的律师法律服务价值主要体现在非诉讼层面和诉讼层面。

（1）非诉讼层面。

在法律纠纷和冲突产生之后，对于民商事案件、经济案件、行政诉讼案件、劳动争议案件和部分"告诉才处理"的刑事案件来说，司法诉讼程序都依赖于原告起诉权的行使。在原告没有行使起诉权的情况下，律师介入案件并向当事人提供法律服务，不是在实现赚钱的价值，而是在实现"恢复法律在社会实践中的正常运行"的价值。律师通过为当事人提供律师代理服务、法律咨询服务、律师谈判服务、律师调解服务、法制宣传服务，向当事人讲解和宣传相关法律的目的和法律的精神，讲解和宣传相关法律的意志及其客观性、规律性和必要性，促使当事人在法律意志的控制和支配下行事，以解决纠纷和冲突，消除违法犯罪的隐患，进而恢复法律在社会实践中的正常运行状态。

（2）诉讼层面。

在案件进入诉讼程序后，包括刑事案件中的犯罪嫌疑人从被采取强制措施至被检察院提起公诉之前这段时间，律师通过向涉案当事人提供代理或辩护服务，参与整个诉讼程序，监督刑事侦查人员、检察机关相关工作人员、公诉人、法院相关工作人员及案件审判人员的相关司法行为，防止他们滥用职权、偏离案件事实和诉讼程序法法律目的实现的轨道，确保案件得到公正和合理的对待，正确制裁违法犯罪行为，维护当事人的合法权益，恢复法律在社会实践中的正常运行。

（二）律师法律服务机制内部构成要素及要素间的关系

1. 律师法律服务机制内部构成要素

从律师向社会提供法律服务的价值中可以看出，律师法律服务机制内部构成要素主要包括律师事务所、律师遴选部门、代理或辩护部门、法制宣传部门、律师自身建设部门等。其中，律师事务所在律师法律服务机制中是首脑机构，统领其他构成要素；律师遴选部门主要负责向全社会招聘律师人才；代理或辩护部门主要负责代理或辩护、法律监督、法律顾问、法律咨询、律师谈判、律师调解等法律服务工作；法制宣传部门主要负责向社会大众宣传法律目的及法律精神，宣讲法律目的的合理性和规律性，提高社会大众对法律的认知能力；律师自身建设部门主要负责对律师进行思想建设、道德建设、品质建设、法律服务能力建设、司法口才水平建设、集体荣誉感建设等工作。

2. 律师法律服务机制内部构成要素间的关系

在律师事务所的统领下，各内部构成要素之间相互联系、相互依存、相互制约、相互作用、协调运行，共同作用于律师法律服务机制的良性运转，促使律师法律服务的社会价值在社会实践中得以有效实现。律师事务所之外的律师法律服务机制内部各构成要素实行专业化分工，各司其职，具有相对独立性，但这种相对独立的关系统一于律师事务所的控制和支配，都在践行律师事务所的意志。因此，这里的相对独立指的是专业性和职责方面有所区别，而不是律师法律服务机制内部各构成要素的意志独立。

（三）律师法律服务机制的运行规律

律师法律服务机制的运行规律，同样属于良性规律范畴，其通过律师法律服务机制的有效运行，确保法律在社会实践中的正常运行、恢复法律在社会实践中的正常运行状态，从而实现法律公平与正义。据此，律师法律服务机制运行规律中的关键要素为：①律师法律服务工作者要有较高的思想高度和良好的自身建设；②律师事务所及其各部门、机构，要有责任心和责任感；③律师事务所各部门、机构之间应时刻保持高度协调和积极合作的状态，保持高度一致和敏捷快速的反应能力。

五、守法机制的构成要素及其运行规律

（一）守法在法律运行过程中的地位和作用

何谓守法？张文显将守法界定为："国家机关、社会组织和公民个人依照法的规定，行使权利（力）和履行义务（职责）的活动。"① 守法的实质是行为，是按照法律目的意志的要求行事的行为。为实现法律目的所有行为都是义务，就像为了达到某种目的，所有为实现目的而做出的行为都是付出，都是义务。从实现法律目的的角度来看，法律所有关于行为的规定，都是义务，法律目的意志才是权利，是通过义务行为要实现的权利。

守法是法律在社会实践中正常运行的重要标尺，它意味着法律在社会实践运行的过程中处于正常化状态。守法为法律在社会实践中的运行提供了畅通无阻的渠道；相反，违法则阻断了这样的渠道，成为阻碍法律正常运行的重大障碍，这种受阻的渠道需要借助于执法机制、司法机制和律师法律服务机制来疏通和恢复。

从这个角度来看，执法机制、司法机制和律师法律服务机制的直接服务对象是守法，通过对守法的确保和恢复，保障法律在社会实践中正常运行，从而实现"法律实施"的执法功能、"法律适用"的司法功能及"向社会提供良好法律服务"的律师法律服务功能。衡量执法机制功效、司法机制功效和律师法律服务机制功效的最终标准，不是公正执法、公正司法和律师的良好的法律服务等点的标准，而是确保守法和确保"法律在社会实践中正常运行"的社会面的标准。守法机制在法律运行机制中起的是基础性作用。守法机制运行处于良性状态，不仅能够节约行政执法资源，节约司法资源，节约律师资源，而且能够节约社会运行和发展过程中的各种宝贵资源。

（二）守法机制的特点

与法律运行机制中其他构成要素相比，守法机制没有自己的独立机关和机构设施。《宪法》第五条的第四、第五款分别规定，"一切国家机关和武装力量、各政党和各社会团体、各企业事业组织都必须遵守宪法和法律。一

---

① 张文显：《法理学》，高等教育出版社 2007 年版，第 239 页。

切违反宪法和法律的行为，必须予以追究"，"任何组织或者个人都不得有超越宪法和法律的特权"。可见，守法主体涉及全社会范围内的所有组织和个人，不仅包括属地管辖中中国境内的除享有外交特权的人员与享有外交豁免权的人员之外的一切外国组织和外国人，还包括属人管辖中中国境外的具有中国国籍的一定范围内的组织和中国人，以及保护性管辖中中国境外的所有外国组织和外国人。

守法主体如此之广，决定了守法机制不可能拥有自己的独立机关及内部机构的设置。但是，我们不能因此否定守法机制的存在及其必要性。人的行为受到人的意志的控制和支配。法律运行机制的实质是确保社会上所有组织和个人的行为都必须在法律意志的控制和支配下行动。据此，即便立法机制、执法机制、司法机制和律师法律服务机制有自己的外在机关和机构设置，但起决定性作用的还是这些法律运行机制内部构成要素中人的意志的作用。可见，守法机制直接舍弃了其外在的东西，而直接体现了守法主体意志的实质性内涵。这一实质性内涵构建了守法机制的内部构成要素。

（三）守法机制内部构成要素及要素间的关系

1. 守法机制内部构成要素

守法的关键在于人，在于人的意志和行为。如果只是在行为上守法，但内心不服、不明、不懂，不能意识到守法的重要性及重要意义，甚至守法有被迫感，就不是真正的守法，只有守法主体守法时的内心想法和行为达到了高度一致和统一，才能称得上真正守法。因此，守法过程是立法者、执法者、司法者、律师及社会组织对守法主体进行思想建设、法学教育、法制宣传、道德建设、文化建设、认知能力建设、行为文明建设、协助精神建设、正义感建设等守法建设的过程。从人的意志和行为两个方面来看，守法机制的内部要素主要由守法者思想建设和守法者行为建设两大方面构成。

2. 守法机制内部构成要素间的关系

守法者思想建设与守法者行为建设相互联系、相互依存、相互制约、相互作用。守法者的思想建设和行为建设是一种过程，无法一蹴而就。这一过程可以被概括为"思想—行为—思想"。其中，前一个"思想"的内容是粗糙的、模糊的，甚至可能有抵触、反感、逆反等不好的成分；后一个"思想"是经过了从思想到行为，再从行为到思想的反复修正和反复提炼过程之后所达到的较高的思想境界。行为的作用在于，使守法者在某种思想的控制和指引下，参与社会现实中的行动，从而检验行动的目的在某种思想的控制和支配下能否实现。

当然，这一过程如果让守法者自己在没有外界的教育和引导的情况下独立完成，很少有人能够做到。

所谓建设，就是要有负责任的行家参与进来，对守法者进行教育、引导和说服。建设当然包括自身建设，而且自身建设是内因，所起到的作用是关键性的，外在因素要转化为守法者的内在因素，才能彻底完成对守法者的思想建设和行为建设。这一重任和责任自然就落到了立法工作人员、执法工作人员、司法工作人员、律师及法学教育工作者等法律专业人士的肩上。

法律运行机制在社会实践中的一个直接运行的目的和效果是全民守法，而不是惩罚。全民守法要求立法工作人员、执法工作人员、司法工作人员、律师及法学教育工作者等法律专业人士深入社会、主动行动，用高尚的人格和法律智慧影响、教育和引导社会公众，使他们认识和接受法律意志，按照法律意志行事，成为守法公民，进而净化法律运行机制的外部环境，让法律在社会实践中畅通无阻地运行。总之，守法者的思想建设与行为建设之间的互动和相互作用，必须有立法工作人员、执法工作人员、司法工作人员、律师及法学教育工作者等法律专业人士这些外界力量的介入和参与，才能使守法者在意志和行为上与法律保持高度统一，才能有望实现全民守法的宏伟蓝图，才能使法律在社会实践中畅通无阻地运行。

（四）守法机制的运行规律

守法机制的运行规律，同样属于良性规律范畴，其通过守法机制的有效运行，确保法律在社会实践中正常运行，从而实现社会平等正义、公平正义和公正正义。据此，守法机制的运行规律中的关键要素为：①守法者要有较高的思想高度和良好的自身建设；②守法者要有责任心和责任感；③守法者应当与立法者、执法者、司法者和律师保持高度协调和积极合作的状态，保持高度一致和较为敏捷快速的反应能力；④守法者应当时时刻刻做到用法律的意志指引、支配和控制自己的行为。法律的意志才是守法者自由的意志，因为法律的意志是法律专业人士利用自身丰富的社会经验和智慧的头脑提炼而成的，较为符合事物的规律和自然规律，比守法者个人的意志更客观、合理一些。

六、法律运行机制内部构成要素间的关系

（一）立法机制是前提

立法机制运行的目标是制定出符合客观实际、事物规律、自然规律的良法。在良法运行的背景下，使整个国家、整个社会处于安全、稳定、发展、和睦、互敬、互助、平等、公平、公正、协调、合作、向善及人与自然和谐的状态，是立法机制运行的总体目标。在这一总体目标的指引下，各部门法和单行法有各自具体的法律目的，如宪法以"确保国家机器正常运转"为目的，刑法以"惩罚严重破坏法律的犯罪行为"为目的，行政法以"确保行政执法机关公正执法"为目的，诉讼法以"确保司法机关公正解决法律纠纷和冲突"为目的，民法以"建立社会大众在民事交往过程中和睦、平等、公平、公正、协调、向善等友好合作关系"为目的，环境法以"实现人与环境和谐统一"为目的，国际法以"实现世界各国之间平等、和平、安全、友好、合作、协调、公平、公正等良好关系"为目的，等等。各部门法和单行法的具体法律目的肩负着实现立法运行机制总体目标的责任，是实现总体目标过程中的各种具体目标和任务。各部门法和单行法在立法总体目标的指引下分工协作，共同完成总体目标所提出的任务。

立法总体目标与各部门法和单行法的具体法律目的，都起到了方向性指引作用，为执法机制、司法机制、律师法律服务机制和守法机制提供了明确的运行方向，使得它们有的放矢。显然，制造良法的立法机制在法律运行机制其他内部构成要素中占据前提性地位。

"权利和义务是法律规范的主要内容"的提法比较抽象，有点不切实际。这是因为权利行为和义务行为在某一部门法或单行法中是相对的，某一行为在某一部门法或单行法中属于权利行为还是义务行为，要看其处于哪个背景面。在法律目的这个背景面上，所有法条中涉及的行为都是义务行为，都是为实现法律目的而做出的付出行为；在法律主体这个背景面上，任何做出有利于法律目的实现行为的法律主体，都有权利要求没有做出有利于法律目的实现行为的其他法律主体履行义务，这时才有权利与义务的提法。例如，房屋买卖合同的目的是完成房屋产权主体的转移，为实现这一合同目的，买卖双方需要各自从事一系列相关行为，如果买方的行为不利于合同目的的实现，卖方就有权利要求买方积极配合，而这时，才有了权利要求下的义务。

法律规范的主要内容的实质是为了实现法律目的的一系列"行为"，而不是"权利和义务"。

据此，立法机制的运行若要做好前提性工作，使得立法机制在法律运行机制中真正起到前提性作用，就不是确定好法律目的后规定一些法律主体权利与义务那么简单，而是要像建筑师一样，在如何建造一座优美的建筑上做文章。立法机制运行的结果——良法，是一件包括法律目的的设想与一系列践行法律目的的行为的优美作品。法律目的的设计很重要，但也需要有具有工匠精神的一系列行为作为过程支撑。

（二）守法机制是基础

一部良法通过立法机制的运行出台之后，就意味着一部带着法律目的的优美作品的蓝图已经完成，接下来就有待守法者通过自己的行为加以践行。也就是说，法律在社会实践中开始朝着法律目的的方向运行起来。如果没有守法者从内心和行为两个方面全面投入法律目的的建设，法律在社会实践中的运行就会落空，法律就会成为一纸空文。所以，守法者的思想建设和行为建设是法律运行机制内部各构成要素的基础中的基础。立法者、执法者、司法者、律师及社会组织对守法机制的建设负有不可推卸的责任，以确保守法机制在法律运行机制中发挥基础性作用。

守法者的实践构成了最广大的社会实践基础。守法机制的良好运行，为法律这个优美的作品，以及为执法机制的运行、司法机制的运行、律师法律服务机制的运行不断提供社会实践给养，促使法律运行机制不断走向完美。

（三）执法机制是手段

在法律的社会实践运行过程中，当大多数人都在为实现法律目的而努力时，可能会出现一些不守规矩的、试图破坏这一进程并影响到公共利益需求或其他建设者的建设行为的情况。对此，执法机制应当果断出击，运用执法手段及时制止、处罚这些违法行为，同时对违法行为人开展法制教育，促使其遵守规则。除了被动出击之外，执法机制还要主动出击，提前预测哪个环节会出现问题，会出现什么样的问题，有何应对策略，并做好预防工作，为法律运行机制在社会实践中顺利而有效地运行保驾护航。

在执法机制运行过程中若发现或遇到问题，人们应当对此进行认真细致的思考和研究，并进行归类。如果属于立法机制运行的问题，人们应当向承担立法责任的立法机关相关部门进行反馈，促使立法机制运行不断完善；如果属于司法机制运行的问题，应当与承担司法责任的司法机关相关部门及时沟通，促使司法机制运行不断完善；如果属于律师法律服务机制运行的问题，应当向承担律师法律服务责任的律师事务所相关部门及时反馈，促使律师法律服务机制运行不断完善；如果属于守法机制运行的问题，应当制定合适的工作计划，相关部门也要及时行动起来，针对守法者的思想建设和行为建设开展有效的工作，确保法律在社会实践中有效运行。

（四）司法机制是保障

当大多数人都投入法律这个优美作品的建设中时，可能会有另一些人侵害到其他人的法定权益并影响到法定目标的实现，侵害到其他人的约定权益并影响到约定目标的实现，侵害到执法机制的运行并影响到公共利益目标的实现，于是进入了司法程序。这时，司法机关便开始运作，在事实和证据的基础上，依照法律，对当事人违反法律的行为进行纠正，运用司法工具，铲除影响法律在社会实践中正常运行的不良因素，恢复法律的正常运行状态。

解决法律纠纷和冲突，为法律在社会实践中正常运行提供最后的保障，是司法机制运行的重要内涵，但不是全部。司法机制内的工作人员应当深入社会实践，用心体察法律运行机制在运行过程中可能出现的问题。唯有这样与社会实践、法律运行进行近距离接触，他们才能逐步培养对实践中出现的问题的敏锐感觉，才能具备发现问题的能力，从而培养出超强的分析问题和解决问题的能力。他们若整天与社会实践隔绝，与法律运行机制的实践运行隔绝，就不可能培养出对问题的敏锐感觉，更不可能培养出对法律运行机制在社会实践运行过程中微妙变化的感知能力，最终也会影响到对法律纠纷和冲突做出符合社会实践和法律运行状态的正确解决。

司法机制在法律运行机制中的保障地位的实现，不能仅仅依靠对法律纠纷和冲突的公正解决这一条途径，否则就治标不治本，易导致不良循环，最后使司法机制变成了单纯的司法裁判行为机制，大大降低了司法机制在法律运行机制中的地位和作用。相反，如果司法机制内的工作人员走出去，深入社会实践，亲身感受立法机制、执法机制、律师法律服务机制和守法机制在社会实践中的具体运行状态，就能及时发现法律在社会实践运行过程中出现的问题，并与法律运行机制中其他构成要素相互配合、相互协调、相互合作，共同有效地解决这些问题，将问题消灭在萌芽之中。这样，既能使法律在运行过程中所出现的问题能够得到及时有效的解决，保障了法律在社会实践中的正常运行，又能不断降低法律纠纷和冲突的发生率，减轻司法裁决的负担，从而使相关部门能够抽出更多的人力、物力和财力等司法资源投入法律的运行建设，使司法机制的运行进入良性循环状态。这才是司法机制在法律运行机制中真正意义上的保障地位的体现。

（五）律师法律服务机制是"润滑剂"

律师法律服务机制之所以在法律运行机制中起到的是"润滑剂"的作用，原因在于，当不断有民众加入法律运行建设的大军时，由于普通民众常常会对法律的运行一无所知或一知半解，因此容易感到不知所措，于是就可能会求助于律师。律师通过法律咨询、法律顾问、律师谈判、律师代理或辩护的方式，帮助其提高对法律的认识，使其在法律运行建设过程中迅速、灵活地参与。律师法律服务机制在法律运行机制中所起到的"润滑剂"作用具体表现在以下五个方面。

1. 法制宣传

作为法律专业人士和法律服务工作者，律师运用自身对法律专业领域的了解和法律智慧，向社会大众宣传和讲解法律的意志、法律的目的及法律在社会实践中的运行状况，使社会大众对法律产生一定程度上的认知，为其自身随时参与法律活动、加入法律运行建设大军并能够有效行动做好准备。对那些已经处于法律运行之中的社会大众来说，律师的法制宣传不仅要让他们了解和把握相关法律的意志、目的和社会价值以及对他们自身对社会生活的意义，还要让他们意识到肩上的责任。

要想实现上述目标，律师在向社会大众进行法制宣传时，就不能停留在对某一个或某些具体部门法或单行法的内容进行讲解和宣传，更不能停留在对法律规范的权利和义务等相对不确定的内容的介绍上。这种"点"式介绍，可能会脱离法律在社会实践中运行的客观实际，还可能会背离法律意志和法律目的。

可见，律师在向社会大众进行法制宣传时，应着重讲解和宣传法律的意志、法律的目的及如何正确参与法律的正常运行的建设。

2. 法律咨询及法律顾问

当从事法律活动的守法者或违法者不知道自己的行为在法律上如何定性时，就可能会向律师咨询有关法律问题，此时，律师通常会给予其法律上的解答，并告知其调解、和解、仲裁和诉讼等解决问题的途径和方式。律师所提供的法律咨询服务，能够使咨询者及时了解和掌握法律在社会实践运行过程中的动态，及时发现问题，并可能将部分影响到法律正常运行的问题消灭在萌芽状态。

当企业、政府和其他组织从事法律活动时，为了顺利跟上法律运行的节奏，不给法律正常运行增添障碍，以及预测其他法律主体的法律行为，应对法律主体之间的谈判，这些主体就需要通过聘请法律顾问的方式，应对和解决上述有关法律问题，律师则是最好的人选。律师通过向企业、政府和其他组织提供法律顾问服务的方式，帮助和指导其在法律运行中正确行事，又告诉其应如何解决与其他法律主体的法律纠纷，从而迅速调节法律运行状态。

3. 律师谈判

律师谈判是律师法律服务运行机制的主要任务之一，也是防止法律纠纷产生及防止法律纠纷恶化的良好的"润滑剂"。律师谈判分为两个层面。

律师谈判的一个层面是法律主体合作从事法律活动之前的层面。在这个层面，律师谈判的主要任务是，律师作为己方的代表与对方洽谈相关合作事项。这个层面的律师谈判，律师肩上的责任很重，需要在事前进行周密的调查和研究，并对有关行业的实际情况有充分的了解和把握。双方要顺利合作，首先要有客观合理的合作目的，其次要有具体的为实现这一合作目的而需要双方从事的在其能力范围内的一系列行为。合作项目是一项符合合作双方需求的作品，远景图设计好了之后，重点还要注意双方的行为细节及互动、协调、合作事项。每一个环节的行动都要井然有序，不能出差错。这是简单的合作协议中所谓的权利与义务条款难以囊括和胜任的。可见，这一层面的律师谈判仅仅依靠律师法律专业领域的智慧是远远不够的，需要在相关领域中汲取实践智慧。

律师谈判的另一个层面是，当企业、政府和其他组织在合作从事法律活动的过程中，由于对为实现共同合作目标中的某一行为或某一系列行为的合作层面上的性质产生歧义或纠纷，在进行仲裁或诉讼之前，一方或双方当事人派律师作为代表进行谈判。有前面一层意义上的合作协议作为基础，律师谈判应着重从当事人双方的意志和行为两个方面开展交流。意志方面应主要着重于当事人双方对有关问题的理解和认知上的差异，解决问题的办法是，依照合作协议目的、合作协议的上下文、合作协议使用的文字含义、行业习惯、常理、常识等标准来解决当事人双方对有关问题的理解和认知。在行为方面，对于明显影响和阻挠合作协议目的实现进程的当事人一方行为，遵守合作协议的另一方当事人的律师代表应当将对方当事人的不合作行为放在整个法律运行背景下，就当事人今后参与的其他法律活动可能产生的负面影响层面，对当事人进行说服、引导和教育，促使当事人回到合作轨道上来。

律师通过律师谈判将法律纠纷解决在仲裁和诉讼前的环节，不仅节约了仲裁和诉讼资源，而且降低、缩短了法律纠纷对法律在社会实践中正常运行的影响程度和时间长度。

4. 代理或辩护

当法律纠纷和冲突不能通过和解、调解、谈判来解决，进入了仲裁或司法程序时，为了更好、更顺利地解决法律纠纷和冲突，也为了更好地维护自身在仲裁过程中或司法诉讼过程中的合法权益，当事人可能会聘请具有法律专业知识与能力的律师作为他们的代理人或辩护人，为他们的法律活动的正当行为以及仲裁程序和诉讼程序中的合法权益进行有效的辩护。律师通过律师法律服务机制中代理或辩护的功能，促使法律纠纷和冲突得以公正解决，教育当事人应遵纪守法，将来才能更好地参与法律运行建设。

5. 监督

当法律纠纷和冲突进入仲裁或司法程序之后，这些程序中可能会有一些负面现象，这会对法律在社会实践中的正常运行产生一些阻碍。律师的介入和律师法律服务机制的正常运行，能够有效地监督这些负面行为并及时加以纠正，防止法律的正常运行遭到破坏。

第八章 责任下法律工作者和
守法者的自身建设

人的行为受人的意志控制和支配，同时也有规律可循，人的行为是组成人的意志的关键要素的运行过程。法律运行机制中起主导作用的法律工作者和守法者，必须在众多期待中构建自身意志中的关键要素，以确保自身行为规律与法律运行机制规律保持一致。

法律工作者和守法者的责任心和责任感，决定了其意志中关键要素的向善性，也决定了他们在行动过程中会尽量顾及和考虑各个方面。这样一来，由法律工作者和守法者掌控的法律运行机制从产生到运行再到调节的整个过程，都能够时刻确保运行在良性轨道上，朝着法律运行机制的目标和法律的目的规定的方向顺利前进。

责任下法律工作者和守法者意志中的关键要素主要包括：较高的思想境界、良心、良好的修养、较高的文化素养、对问题的敏感度、对自然规律及客观事物发展规律的尊重和遵循等。

一、较高的思想境界

人具有意志和行为两个部分。就个人而言，不是每个人的行为都受其意志控制的，也不是一个人在任何时候的行为都受其意志控制的，如无意识行为、本能反应等，这些行为和反应都没有经过人的大脑意识活动。与个人行为不同，法律工作者和守法者的行为一定处在他们对意志的控制之下。意志和思想都是人的大脑意识活动的结果，但意志和思想是两种集合体，思想属于意志这一集合体中的成分，而意志这一集合体的成分不一定都能被称为思想。

在人与人的关系及人与自然的关系中，人有善恶之分，因此，思想也有高低之别。法律工作者和守法者的思想要有高度，就要有较高的思想境界。相关主体的社会控制面越广，所要求的思想境界就越高。法律工作者和守法者的思想境界越高，就越能把握大局，越能客观公正地处理问题，越能着眼于长远。

二、良心

人是意志和行为的集合体。什么话能说和什么话不能说，什么行为可以做和什么行为不可以做，其中的标尺就是良心。良心是人的思想和言行的最基本的准则，是修正人的思想、言行的基准线，既涉及自律，也涉及他律。人们口中情感的良心显然是良心的绝对值达到了足以触动人的情感的起爆点。在一个人的思想和言行尚未触动人的情感的起爆点之前，良心处于自律领域，之后则会进入他律领域。

在人类社会关系层面，"良"有两层含义：一是在自己的义务和责任范围内，尽自己所能用心做好每一件事；二是自我的思想和言行不能伤及他人。在自然界层面，"良"还有一层含义，在自己的义务和责任范围内，要善待自然生态环境。"心"是人的一种意识活动，是一种对自己思想和言行中"良"的认知和判断，包括两层含义：一是感觉自我的思想和言行是善而不是恶，二是感觉自己的言行最大限度地尽到了相应的责任和义务。

三、良好的修养

良心是处于自然界和人类社会关系中的个体人对其思想和行为的约束。一个人面对各种各样的状况，都能一如既往地前行，坚守良心自律，这便是修养。

修养着重于一个人思想上的净化和提升，而在行为上的表现，只要保持思想上的先进性，便也不失为修养。有时，文质彬彬、温文尔雅也可能成为虚伪的外表，那不但不是修养的表现，反而会是一种掩饰的工具。因此，对修养的判断，关键不是要看行为的外显活动，而是要看行为是在维护什么样的思想。

四、较高的文化素养

文化是人的文化，文化的实质就是在某种思想指引下的人的一系列言行。这是文化的泛概念，是思想和言行的集合体。在这个集合体里，不是所有思想指引下的人的言行都具有文化的特质，而是那些得到一定范围群体的认同且得到贯彻的思想和言行，才具有文化的特质。这是文化的实质性内涵。文化首先是由个体发起的，然后将践行某种思想的行为在一定群体中加以推广，最终得到该群体所有人的遵照执行且成为习以为常的生活方式，这便形成了该群体的文化。

思想和言行是构建文化的两个元素，两者是目的与手段的关系，言行是为某种思想服务的。为更好地服务于某种思想，人们就需要提高言语能力和行动能力。

文化的优劣取决于思想境界的高低。腐朽的思想催生腐朽的文化，先进的思想则催生先进的文化。先进的文化能够有效推进人类社会的文明进程，是对人的思想和言行的规范和约束，能确保人的思想和言行在人类文明与自然文明契合的轨道上运行。

"较高的义化素养"要求法律工作者和守法者应具备较高的思想境界，拥有较高的智慧，具备较强的思考能力，具备一定的言语表达才能，遵守道德、法律法规、规章制度、风俗习惯及其他言行规范。除此之外，法律工作者和守法者还要时刻防止被落后腐朽的文化侵蚀，注意对相应的文化进行思想上的鉴别，摒弃落后甚至腐朽的思想文化。

五、对问题的敏感度

发现问题、分析问题和解决问题是处理问题的三大法宝，其中，发现问题是前提和基础，伴随着处理问题的全过程。

发现问题的能力决定着分析问题和解决问题的能力。在分析问题和解决问题的过程中，人们应当及时有效地感觉对问题的分析和解决是否合适及可能会出现的状况。如果缺乏发现问题能力，那么，对问题的处理结果就只是主观臆想中的虚在，可能会使问题不但没有得到根本性解决，反而变得更加复杂。

法律工作者要练就对存在问题的迅速感知能力，就必须专心致志地思考和探寻，这样才能锻炼出对问题的敏感度。不能总是等到问题出现后，人们才试图去解决，那样的话，可能难以顺利地解决问题。

六、对自然规律及客观事物发展规律的尊重和遵循

对宏观事物发展状况的预判需要过人的智慧与能力。然而，日常生活中人们常常在做出行动之前对自己的行动结果进行一些预判。无论是对宏观事物发展状况的预判，还是日常生活中人们对自己行动结果的预判，都不能违

背客观事物发展规律，更不能违背自然规律，都必须建立在客观事物发展规律和自然规律的基础之上。

对于有目的的行动来说，行动只有构建在客观事物发展规律的基础上，才可能实现行动的目的。"按照客观事物发展规律办事"有两种含义：一是顺应事物的发展规律，取得有价值的结果；二是利用事物的发展规律，控制事物的恶性发展。任何事物的发生、发展和变化都有其内在规律可循，把握了事物的发展规律，通常就意味着把握了事物的发展走向，可使事物为人类所用，达到相应的目的。

事物的发展规律不以人类的好恶等价值判断而存废，是客观存在的，因此，人类在利用事物发展规律时，若不恰当地加入了自身的价值判断，最后很可能会导致事物发展失衡。

按照事物发展规律办事是对法律工作者和守法者法律行为的最基本的要求，通过违背事物发展规律的思想和行为，是不可能实现法律运行机制的目标和法律的目的的。另外，法律工作者和守法者在利用事物发展规律实施法律行为时，还要注意符合自然规律。

第九章　责任下法律运行机制的外部环境建设

　　法律是国家意志最重要的推行工具，是国家实行社会治理的主要手段之一。安全、发展、稳定三个方面是国家意志重要的、基本的内核，也是法律的基本目的和方向，是构建一国法律运行机制的准绳和灵魂所在。当然，国家意志除了依靠法律手段加以推行之外，也依靠国家政策加以推行。可见，在社会实践中，不仅法律在运行，国家政策也在运行。在国家法律意志和政策意志之外，还有很多种其他意志在起作用，如社会意志、集体意志、企业意志、家庭意志、民众的个人意志等。在社会生产生活实践中，除了法律法规之外，还有党纪、乡规民约、民俗民风、商业习惯、企事业单位的规章制度等规则在起作用。对社会大众来说，守法也只是他们生活的一部分，所有个人和组织既具有守法者的身份，也具有社会生产生活者的身份。社会大众除了要遵守法律规范，还要遵守其他有关规则。这些都是法律运行机制外部环境重要的组成部分，也是守法者社会生活重要的组成部分。法律运行机制的外部环境正是通过对守法者的影响，作用于法律运行机制的运行，进而决定着法律在社会实践中的运行状态的。

一、法律运行机制外部环境的关键要素

　　无规矩不成方圆，家有家规、国有国法，为人处世有一定的法则，事物有自身的发展变化规律，自然界有其运行的规则，这些各种各样的规矩或标准都在试图控制和支配人的意志，规范人的思想，然后作用于人的行为，进而对人的行为起到规范化影响。可见，法律运行机制外部环境不是直接作用于人的行为的，而是通过对人的意志或思想的支配和控制，来达到规范人的行为的目的。

　　人的意志或思想比较复杂，这导致法律运行机制外部环境的构成要素复杂多变，但总的来说，在这些法律运行机制外部环境的构成要素中，起关键性作用的当属道德、文化与文明等。

（一）道德

1. 道德的起源

"感知—反应"与"生存—自保"是运动、变化和发展规律的关键要素。就生命体来说，其通过对外界信息的感知，分析其中有益和有害的成分，然后做出接受对自己生存有益的成分、规避或抵御对自己生存有害的成分的自保反应。人类在存在之初，以血缘关系为纽带进行小范围群居，彼此充满了信任。这时候的人类，像其他生命体一样，仅对外部大自然的信息进行感知和反应，以求生存与自保，彼此无所谓善与恶，也不需要道德的力量加以约束。随着人类历史进程的推移，当小范围群体中的人遇到来自不同群体的同类时，由于彼此较为陌生、缺乏了解，因而，群体内部的那种信任无法延展到群体之外的同类。于是，不同群体的同类之间的猜忌、怀疑和提防便随之产生。随着感受到对方威胁的主观感觉愈加强烈，为了生存和自保，先发制人的行动开始出现，恶正是由人类的这种主观臆想而产生的。随着人类社会中恶的产生，人类产生之初的以血缘关系为纽带的小范围内的一些尊重、友爱、互助、和平的人际关系就被打破了，然后，人类就有了对这种初始状态中的那些好的因素的渴望和需求。进而，人类产生之初的一些和谐友好关系及对这种人类初始状态的一些好的因素的追求便成了善，对此的破坏和背离便成了恶。此时，人类就需要一种限制恶、弘扬善的力量，道德便应运而生。

2. 道德的实质

从道德的起源来看，它并不是像一些学者所说的那样，是善与恶、好与坏、对与错的所谓的评判标准。道德不是用来作为评判事物的标准的，那样会降低道德的价值。评判善与恶、好与坏、对与错的标准，应该是客观事实的应然状态及事物的发展规律和自然规律。

尊重、友爱、互助、和平的人际关系，是道德的基本样态或实质性样态。这种样态，是防止恶滋生的最好的背景，虽然道德不能成为人的行为的具体规范性指引，但它可以成为更为重要的人的行为的方向性指引，就像法律目标或法律目的的重要地位一样。

不是所有的事物都能够用人类的语言给其下一个周全而明确的定义的。如果真的要给道德的概念下一个定义的话，那么以下关于道德的概念的语言描述，将是较大限度的对道德内涵的揭示。

所谓道德，就是用人的力量极力维持和褒奖尊重、友爱、互助、和平的人际关系的基本样态或实质性样态，并对那些试图破坏这种样态的主观臆想中的恶和实实在在的恶进行限制，以及对现实世界中确实存在的恶行进行惩罚，以促使人类找回相应的好的样态。基本样态或实质性样态，是道德的基础和基本目标，褒奖、限制和惩罚是道德用来维持这种样态的主要手段和力量。

凡是与尊重、友爱、互助、和平的人际关系基本样态或实质性样态基本一致的，便为善；以这种样态为人的意志的内容的，叫善意；维持和促进这种样态的行为，叫善行。凡是试图阻碍、破坏这种样态，与这种样态背道而驰的或个在这种样态的方向上运行的，便为恶；含有这种思想的，叫恶意；按照这种恶意行事的，叫恶行。道德正是为了限制和打击恶，为了回归善而生的，它以一种力量的形式存在着。

（二）文化与文明

文明不为人类所独有，因为还有自然界的自然文明。文化则是人类特有的行为产物，是人的创造，有善与恶之分，伴随着善与恶之争。

1. 文化的起源

人在自然界中作为一种生命体，非常脆弱。按照自然界弱肉强食的自然法则，人同其他生命体一样，生存具有艰难之处。人类产生之初，仅凭自身的身体条件，是无法抵御来自动植物和自然灾害的风险的。要想生存与自保，人必须创造外部条件，利用外部条件来强大自身，弥补自身的弱势。这便是人类文化产生的动机，从此开启了人类文化。从人类文化的起源可以看出，人类的文化是在人类思想和行为的推动下，所创造的一系列技术手段和物质成果。

2. 文化与文明的发展历程

19 世纪中叶，美国人类学家摩尔根在其所著的《古代社会》一书中，将人类从低级阶段到高级阶段的发展分为蒙昧、野蛮和文明三种不同的时期。[①] 这种划分一直影响着此后的人类社会思想领域，直到现在。英国历史

---

① 参见［美］路易斯·亨利·摩尔根《古代社会》，杨东莼、马雍、马巨译，商务印书馆1977 年版，第 15 页。

学家柯林武德曾说："一切历史都是思想史。"① 也就是说，一切人类历史实质就是思想斗争史。尊重、友爱、互助、和平的状态算是一种文明状态，而互相伤害、侵略等则应当属于野蛮范畴。

人类引以为傲的一系列发明和创造及其物质成果，使人类迅速脱离了其他动物的层级，成为自然界中所谓的高等动物。后来，人类将这种技术手段和物质成果称为文化。依靠相应技术手段的含金量，人类走过了各种不同的工具时代，文化水平愈发高级先进。

文化的演进，与人类对自然的认知能力的逐步提高有关，两者呈正比例关系，但文化的演进跟思想的关系就没有那么简单了。单纯从技术手段来看，文化的演进有一部分是由人类的生存需要加以推动的。当人类脱离了产生之初的状态时，相互猜忌、相互怀疑在人类中间滋生和蔓延。为了生存和自保，石器、金属器等工具的发明，一方面是用来防止来自自然界的凶猛野兽的伤害的，另一方面也是用来防止来自同类的伤害的。同类之间相互猜忌、相互提防、相互争斗所产生的人类文化，通常是为了生存和自保。其他方面的文化，如思想文化、艺术文化、饮食文化等，也同时产生了。人类的主线文化的实质就是善与恶之争的文化，因此，文化有善文化与恶文化、先进文化与落后文化之分。

先进的文化伴有先进的思想，落后腐朽的文化伴有落后邪恶的思想。先进文化自始至终都在努力维系和保护人类文明，相反，落后腐朽的文化时刻都在阻挠和破坏人类文明的发展。

人类文化和人类文明是两种不同的线。文明是一条水平直线，尊重、友爱、互助、和平的人际关系就是这条直线的基本样态；而文化是一条善与恶斗争的曲线。其中，落后腐朽的文化代表恶的力量，试图破坏人类文明的基本样态，在人类文明水平直线的下方做曲线运动；先进文化则代表善的力量，用来对抗和消除落后腐朽文化的恶的力量，在人类文明水平直线的上方做曲线运动。

---

① ［英］柯林武德：《历史的观念》，何兆武、张文杰译，商务印书馆 2004 年版，第 304 页。

二、外部环境与法律运行机制的关系

（一）道德与法律运行机制的关系

1．法律运行机制是实现道德的重要工具

法律以惩恶扬善为己任，而善与恶之争正是道德力量的实质。法律运行机制的运行结果和方向，正是让社会弃恶从善。如果法律运行的结果背离道德，那法律运行机制就不是在有效治理社会，而是将社会带向恶的泥潭。

2．道德是法律运行机制的助推器

尊重、友爱、互助、和平的人际关系，是道德力量所努力维持的基本样态。这种基本样态，促使法律运行机制在社会实践中良好运行。道德是一种追求，是一股力量。立法者、执法者、司法者、律师和守法者，如果他们心中有了这股力量和追求，那他们就不仅在现实生活中是一股善的力量，对恶势力形成牵制，而且在法律工作中，也能构建良好的法律运行机制，推动法律目标的实现。相反，如果他们丧失了道德这股力量，内心丢掉了这种信仰，法律运行机制内部的构成要素就会变质，在实践中的运行就会不断出问题，进而难以实现法律运行机制的目标和法律目的。

3．法律运行机制是补充道德力量的重要利器

人类社会的发展，实质上就是善与恶的较量。这种较量不断向道德提出力量方面的要求，但道德有时候可能会无能为力。再加上由于道德不具有规范性质，因此，人类社会中的各种伪道德层出不穷，鱼龙混杂，道德自身原本所具有的力量也难以有效地发挥出来。

道德和文明的基本样态始终是人类孜孜不倦追求的目标。法律运行机制作为人类统治、治理、控制人类社会的手段和工具，当然以追求道德和文明的基本样态为自身的责任和使命。当道德的力量难以及时、有效地制止社会中的恶时，法律运行机制便可动用国家机器，迅速出面制止和惩罚这些恶行，助道德一臂之力。

4．法律是具体化的道德

法律所追求的平等、公平、公正、正义、和谐等价值目标与道德的基本样态"尊重、友爱、互助、和平"是一致的，但道德没有对其基本样态进行具体化和规范化，人们只有通过社会交往过程中的内心感应去体会和接受；

而法律则是通过具体的法律条文来规范人们的意志和行为，指引人们应当怎样想、怎样做。法律是具体化的道德，因为道德是社会的根基，是法律的土壤。法律的最终目的是在社会中恢复道德的基本样态。

5. 道德是法律的精神

法律是具体化的道德，是借助于国家的力量实现社会道德化的工具，因此，道德是法律的精神和精髓。离开道德的土壤，法律就会成为邪恶的工具。由此可以看出，只有与人类道德的基本样态保持一致的正义之法，才能淋漓尽致地体现人类道德的精神。

（二）文明与法律运行机制的关系

惩恶扬善的法律运行机制的重要功能之一，就是为了消除人类社会中的恶行，保护人类的文明状态。

在人类历史上剥削阶级占据统治地位的社会中，国家机器掌握在少数剥削阶级手中，他们手中的法律运行机制不仅不能成为人类文明的守护神，反而站在了邪恶势力那边，成了人类文明的破坏者。正因如此，我们不能把落后腐朽的社会制度之下的文化技术手段和物质成果错当成人类文明，它们顶多是一种文化，一种为腐朽落后的社会制度服务的文化。

有道德力量支撑的法律运行机制，才能成为促使人类保持文明状态的重要保障。

（三）文化与法律运行机制的关系

1. 文化是法律运行机制的重要技术手段

作为物质技术手段的文化，若掌握在具有先进思想的人的手里，将增强道德的力量和良性法律运行机制的力量，为人类文明服务；若掌握在具有落后腐朽思想的人的手里，将破坏人类文明。可见，法律运行机制的有效运行，需要充分发挥惩恶扬善的功效，需要文化这一技术手段为其提供有力支持。

2. 法律运行机制是文化遴选的重要工具

科学的研究行为应当受到法律运行机制的正确指引和有效规制。国际社会中严格禁止生化武器研究方面的国际公约、防止核武器扩散方面的国际公约等，就是很好的例证。但是，这还远远不够，法律运行机制应当在各种文化遴选方面做出努力，防止腐朽有害的文化进入人类社会，阻碍人类文明的发展进程。

三、相关观念的建设

主观臆想是恶的起源，但根源在人对外界事物的认知能力不足。由于这种情况的存在，人这一生命体对来自外界的信息时常会做出错误的感知与反应，误以为自己受到了威胁。就算人类文化水平发展到了如今的状态，这种过分杞人忧天的状况也没有太多改善。人类的认知主要集中在世界观、人生观、价值观和荣辱观等方面，通常正是这些方面的认知出现了问题，才导致道德力量减弱、劣质文化增多增强、人类文明恢复进程艰难。

（一）世界观的建设

世界观是人们对人类世界和自然界的认识、观点和看法。其主要有两大观点：一种观点认为，人可以主宰世界，可以改造世界，让世界为人类服务；另一种观点认为，人只能认识世界，只能适应世界，只能按照外部世界的客观规律办事，否则将遭到自然界的惩罚。

可以肯定的是，人的认识属于人的主观性成分，主观必须符合客观。认识事物的发展规律和自然规律才是人的认识的全部，其中不应有丝毫主观臆想成分。唯有做到这一点，人类对世界的认识才能与外部世界的规律完全统一，把握真实的世界，形成正确的世界观；才能构建良好的法律运行机制，促进法律运行机制良性运转；才能把握善与恶的斗争规律，掌握道德的力量，发展先进文化，运用法律运行机制来遏制落后腐朽有害的文化；才能推动人类社会文明的发展进程。

正确的世界观的建设，需要人类在智慧的道路上不断探索，而不是在人类自身利益和相互争斗方面无休止地纠缠。

（二）人生观和价值观的建设

人生观，即人们对人生的意义和价值的看法。人生在世到底是为了什么？人生的意义何在？人生的价值何在？这些问题成了人们探索人生的永恒话题，也构建了人生观的主要内容。

生存与自保是人与其他生命体的共通之处。自然界通过感知与反应创造了人类，并赋予了人类发达的大脑，目的是协助自然界调节自然的平衡。这是自然界对人类的期待，也是人类对自然界的责任。这一责任下的任务复杂而艰巨。人类在产生之初，由于自身能力的限制，无法很好地承担这一重大责任。而人类随着能力的增强和文化水平的提升，加上又遇到陌生的同类，感觉陌生同类对自己生存构成的威胁又增加了，于是，主观臆想的恶开始滋生和蔓延。人类从此忙于自身内部争斗，某种程度上辜负了自然对人类的期待。在背离人类对自然所负的责任的情况下所构建的人生观和价值观，都因违背了自然规律而成为错误的东西。

思想高度决定了人生高度。人生只有肩负起自然赋予人类的责任，才能更好地实现自身的价值。而要实现人生价值，认识和把握事物的发展规律和自然规律也是必不可少的。

参 考 文 献

[1] 阿奎那. 阿奎那政治著作选 [M]. 马清槐, 译. 北京: 商务印书馆, 2007.

[2] 阿伦特. 过去与未来之间 [M]. 王寅丽, 张立立, 译. 南京: 译林出版社, 2011.

[3] 阿伦特. 论革命 [M]. 陈周旺, 译. 南京: 译林出版社, 2011.

[4] 阿伦特. 马克思主义与西方政治思想传统 [M]. 孙传钊, 译. 南京: 江苏人民出版社, 2012.

[5] 埃尔曼. 比较法律文化 [M]. 贺卫方, 高鸿钧, 译. 北京: 生活·读书·新知三联书店, 1990.

[6] 奥斯丁. 法理学的范围 [M]. 刘星, 译. 北京: 中国法制出版社, 2002.

[7] 巴日特诺夫. 哲学中革命变革的起源 [M]. 刘丕坤, 译. 北京: 中国社会科学出版社, 1981.

[8] 白桂梅. 人权法学 [M]. 北京: 北京大学出版社, 2011.

[9] 柏拉图. 理想国 [M]. 郭斌和, 张竹明, 译. 北京: 商务印书馆, 1986.

[10] 边沁. 道德与立法原理导论 [M]. 时殷弘, 译. 北京: 商务印书馆, 2002.

[11] 边沁. 论一般法律 [M]. 毛国权, 译. 上海: 上海三联书店, 2008.

[12] 博登海默. 法理学: 法律哲学与法律方法 [M]. 邓正来, 译. 北京: 中国政法大学出版社, 1999.

[13] 博登海默. 法理学: 法哲学及其方法 [M]. 邓正来, 姬敬武, 译. 北京: 华夏出版社, 1987.

[14] 陈金钊, 熊明辉. 法律逻辑学 [M]. 北京: 中国人民大学出版社, 2012.

[15] 程乃胜. 何谓法律的目的 [J]. 安徽广播电视大学学报, 2005 (3): 1-4.

[16] 丁国强. 司法功能的两个维度 [N]. 人民法院报, 2015-12-14 (2).

［17］杜国胜. 地方立法技术科学性之探讨［J］. 韶关学院学报，2017（10）：45－50.

［18］杜国胜. 司法口才理论与实务：修订版［M］. 北京：中国政法大学出版社，2022.

［19］恩格斯. 路德维希·费尔巴哈和德国古典哲学的终结［M］. 中共中央马克思恩格斯列宁斯大林著作编译局，译. 北京：人民出版社，1997.

［20］方乐. 纠纷解决与美好生活：转型中国司法的政治意涵［J］. 江海学刊，2020（3）：138－146.

［21］房文翠. 法理学［M］. 厦门：厦门大学出版社，2012.

［22］富勒. 法律的道德性［M］. 郑戈，译. 北京：商务印书馆，2005.

［23］高清海. 哲学的憧憬：《形而上学》的沉思［M］. 长春：吉林大学出版社，1993.

［24］郜风涛. 文津法札［M］. 北京：中国法制出版社，2011.

［25］葛洪义. 法理学［M］. 北京：中国人民大学出版社，2015.

［26］葛洪义. 法理学［M］. 北京：中国政法大学出版社，2012.

［27］顾肃. 论政治文明中的民主概念和原则［J］. 江苏社会科学，2003（6）：12－18.

［28］郭道晖. 法的时代呼唤［M］. 北京：中国法制出版社，1998.

［29］哈耶克. 经济、科学与政治［M］. 冯克利，译. 南京：江苏人民出版社，2003.

［30］韩忠伟. 中国立法原理论［M］. 兰州：甘肃民族出版社，2008.

［31］郝建设. 法律逻辑学［M］. 北京：中国民主法制出版社，2013.

［32］赫尔德. 民主的模式［M］. 燕继荣，译. 北京：中央编译出版社，2008.

［33］黑格尔. 法哲学原理［M］. 范扬，张企泰，译. 北京：商务印书馆，1961.

［34］黑格尔. 历史哲学［M］. 王造时，译. 北京：生活·读书·新知三联书店，1959.

［35］黑格尔. 小逻辑［M］. 贺麟，译. 北京：商务印书馆，1980.

［36］黄伟力. 法律逻辑学导论［M］. 上海：上海交通大学出版社，2011.

［37］姜春云. 姜春云调研文集：民主与法制建设卷［M］. 北京：中央文献出版社，2010.

［38］姜全吉，迟维东. 逻辑学［M］. 北京：高等教育出版社，2004.

［39］蒋红珍，李学尧. 论司法的原初与衍生功能［J］. 法学论坛，2004

（2）：92 – 98.

［40］卡多佐. 司法过程的性质［M］. 苏力，译. 北京：商务印书馆，1998.

［41］凯尔森. 法与国家的一般理论［M］. 沈宗灵，译. 北京：中国大百科全书出版社，1996.

［42］康德. 法的形而上学原理［M］. 沈叔平，译. 北京：商务印书馆，1991.

［43］康德. 判断力批判：下卷［M］. 宗白华，译. 北京：商务印书馆，1964.

［44］柯林武德. 历史的观念［M］. 何兆武，张文杰，译. 北京：商务印书馆，2004.

［45］蒯晓明. 逻辑学［M］. 北京：中国商业出版社，2004.

［46］李建超. 组织权力行为研究［M］. 北京：研究出版社，2008.

［47］李林. 立法理论与制度［M］. 北京：中国法制出版社，2005.

［48］李振江. 法律逻辑学［M］. 郑州：郑州大学出版社，2004.

［49］李祖军. 民事诉讼目的论［M］. 北京：法律出版社，2000.

［50］利科. 论公正［M］. 程春明，译. 北京：法律出版社，2007.

［51］梁西. 国际法［M］. 武汉：武汉大学出版社，2011.

［52］刘风景. 立法目的条款之法理基础及表述艺术［J］. 法商研究，2013（3）：48 – 57.

［53］刘富华，孙炜. 语言学通论［M］. 北京：北京语言大学出版社，2009.

［54］刘作翔. 法律的理想与相关法学概念关系的法理学分析［J］. 法律科学，1994（4）：9 – 15.

［55］柳随年. 我在人大十年［M］. 北京：中国民主法制出版社，2003.

［56］卢梭. 社会契约论［M］. 何兆武，译. 北京：商务印书馆，1982.

［57］吕世伦，文正邦. 法哲学论［M］. 北京：中国人民大学出版社，1999.

［58］吕世伦. 现代西方法学流派：上卷［M］. 北京：中国大百科出版社，2000.

［59］罗传贤. 立法程序与技术［M］. 台北：五南图书出版公司，1997.

［60］罗尔斯. 正义论［M］. 何怀宏，何包钢，廖申白，译. 北京：中国社会科学出版社，1988.

［61］罗豪才，湛中乐. 行政法学［M］. 北京：北京大学出版社，2006.

［62］孟德斯鸠. 论法的精神：上册［M］. 张雁深，译. 北京：商务印书馆，1961.

［63］摩尔根. 古代社会［M］. 杨东莼，马雍，马巨，译. 北京：商务印书

馆，1977.

[64] 穆勒. 功利主义 ［M］. 叶建新，译. 北京：九州出版社，2007.

[65] 奈. 美国霸权的困惑：为什么美国不能独断专行 ［M］. 郑志国，何向东，杨德，等译. 北京：世界知识出版社，2002.

[66] 帕多瓦的马西利乌斯. 和平的保卫者：小卷 ［M］. 殷冬水，曾水英，李安平，译. 长春：吉林人民出版社，2011.

[67] 庞德. 法理学：第一卷 ［M］. 邓正来，译. 北京：中国政法大学出版2004.

[68] 庞德. 通过法律的社会控制 ［M］. 沈宗灵，译. 北京：商务印书馆，1984.

[69] 培根. 培根论说文集 ［M］. 水天同，译. 北京：商务印书馆，1983.

[70] 萨托利. 民主新论 ［M］. 冯克利，译. 北京：东方出版社，1993.

[71] 赛德曼. 立法学：理论与实践 ［M］. 刘国福，曹培，等译. 北京：中国经济出版社，2008.

[72] 森. 正义的理念 ［M］. 王磊，李航，译. 北京：中国人民大学出版社，2012.

[73] 思朋斯. 胜诉：法庭辩论技巧 ［M］. 牟文富，刘强，译. 上海：上海人民出版社，2008.

[74] 宋方青. 论地方立法的真善美及其实现 ［J］. 学习与探索，2010 (1)：88 -91.

[75] 苏永钦. 走入新世纪的宪政主义 ［M］. 台北：元照出版公司，2002.

[76] 粟丹. 立法平等的概念辨析 ［J］. 贵州大学学报（社会科学版），2007 (2)：14 -18.

[77] 孙笑侠，吴彦. 论司法的法理功能与社会功能 ［J］. 中国法律评论，2016 (4)：73 -88.

[78] 孙笑侠. 论司法多元功能的逻辑关系：兼论司法功能有限主义 ［J］. 清华法学，2016 (6)：5 -21.

[79] 谭世贵. 中国司法制度 ［M］. 北京：法律出版社，2008.

[80] 唐纳利. 普遍人权的理论与实践 ［M］. 王浦劬，等译. 北京：中国社会科学出版社，2001.

[81] 托克维尔. 论美国的民主：上卷 ［M］. 董果良，译. 北京：商务印书馆，1988.

[82] 托马斯. 政治哲学导论 ［M］. 顾肃，刘雪梅，译. 北京：人民出版社，2006.

［83］万高隆. 法律逻辑学［M］. 厦门：厦门大学出版社，2013.

［84］王海明. 伦理学与人生［M］. 上海：复旦大学出版社，2009.

［85］王启富. 法理学［M］. 北京：中国政法大学出版社，2013.

［86］王铁崖. 国际法［M］. 北京：法律出版社，1995.

［87］王宗文. 权力制约与监督研究［M］. 沈阳：辽宁人民出版社，2005.

［88］韦德. 行政法［M］. 徐炳，等译，北京：中国大百科全书出版社，1997.

［89］魏胜强. 西方法律思想史［M］. 北京：北京大学出版社，2014.

［90］沃克. 牛津法律大辞典［M］. 《牛津法律大辞典》翻译委员会，译. 北京：光明日报出版社，1989.

［91］吴大英，任允正. 比较立法学［M］. 北京：法律出版社，1985.

［92］吴坚，傅殿英. 实用逻辑学［M］. 北京：首都经济贸易大学出版社，2005.

［93］伍柳氏. 政治纠错机制的含义界定与研究价值［J］. 学理论. 2014 （21）：1 - 2.

［94］西塞罗. 国家篇　法律篇［M］. 沈叔平，苏力，译. 北京：商务印书馆，1999.

［95］西塞罗. 论共和国　论法律［M］. 王焕生，译. 北京：中国政法大学出版社，1997.

［96］夏甄陶. 关于目的的哲学［M］. 上海：上海人民出版社，1982.

［97］《新华汉语词典》编委会. 新华汉语词典［M］. 北京：商务印书馆，2007.

［98］熊彼特. 资本主义、社会主义和民主主义［M］. 吴良建，译. 北京：商务印书馆，1979.

［99］许崇德，皮协纯. 新中国行政法学研究综述［M］. 北京：法律出版社，1991.

［100］亚里士多德. 尼各马可伦理学［M］. 廖申白，译. 北京：商务印书馆，2003.

［101］亚里士多德. 政治学［M］. 吴寿彭，译. 北京：商务印书馆，1965.

［102］杨光斌. 发展中国家搞"党争民主"祸害无穷：中国民主实践的分层性与多样性［J］. 人民论坛，2014（11）：58 - 61.

［103］杨惠基. 行政执法概论［M］. 上海：上海大学出版社，1998.

［104］杨建军. 通过司法的社会治理［J］. 法学论坛，2014（2）：13 - 23.

［105］杨玉洁. 法律逻辑学［M］. 哈尔滨：哈尔滨工程大学出版社，2003.

［106］姚建宗. 法理学［M］. 北京：科学出版社，2010.

［107］姚莉. 功能与结构：法院制度比较研究［J］. 法商研究，2003（2）：119－126.

［108］张斌峰，李永铭. 法律逻辑学导论［M］. 武汉：武汉大学出版社，2010.

［109］张光杰. 法理学导论［M］. 上海：复旦大学出版社，2015.

［110］张国庆. 公共行政学［M］. 北京：北京大学出版社，2007.

［111］张居正. 张居正奏疏集：下［M］. 潘林，编注. 上海：华东师范大学出版社，2014.

［112］张军. 法理学［M］. 北京：中国民主法制出版社，2014.

［113］张维为. 中国超越：一个"文明型国家"的光荣与梦想［M］. 上海：上海人民出版社，2014.

［114］张文显. 法的一般理论［M］. 沈阳：辽宁大学出版社，1988.

［115］张文显. 法理学［M］. 北京：法律出版社，1997.

［116］张文显. 法理学［M］. 北京：高等教育出版社，2007.

［117］张文显. 法理学［M］. 北京：高等教育出版社，2018.

［118］张文显. 马克思主义法理学［M］. 北京：高等教育出版社，2003.

［119］张文显. 司法的实践理性［M］. 北京：法律出版社，2016.

［120］张智辉. 刑法理性论［M］. 北京：北京大学出版社，2006.

［121］赵仲牧. 目的论·因果论·辩证论：中西方传统哲学中的三种秩序论模式［J］. 云南大学学报（社会科学版），2003（4）：9－20.

［122］郑智航. 法院如何参与社会管理创新：以法院司法建议为分析对象［J］. 法商研究，2017（2）：26－37.

［123］郑智航. 国家建构视角下的中国司法：以国家能力为核心［J］. 法律科学（西北政法大学学报），2018（1）：28－38.

［124］中共中央马克思恩格斯列宁斯大林著作编译局. 马克思恩格斯全集：第三卷［M］. 2版. 北京：人民出版社，2002.

［125］中国大百科全书总编辑委员会《法学》编辑委员会，中国大百科全书出版社编辑部. 中国大百科全书：法学［M］. 北京：中国大百科全书出版社，1984.

［126］中国共产党第十八次全国代表大会文件汇编［M］. 北京：人民出版社，2012.

［127］中国人民大学哲学系逻辑教研室. 形式逻辑：修订本［M］. 北京：中国人民大学出版社，1984.

［128］中国社会科学院语言研究所词典编辑室. 现代汉语词典［M］. 北京：
外语教学与研究出版社，2002.

［129］周旺生. 立法论［M］. 北京：北京大学出版社，1994.

［130］周旺生. 立法学［M］. 北京：法律出版社，2009.

［131］周永坤. 法理学：全球视野［M］. 北京：法律出版社，2016.

［132］朱贻庭. 伦理学大辞典［M］. 上海：上海辞书出版社，2002.

［133］左卫民. 法院制度功能之比较研究［J］. 现代法学，2001（1）：39－45.

［134］BODIN J. On sovereignty：four chapters from the six books of the com-
monwealth［M］. 影印本. 北京：中国政法大学出版社，2003.

［135］EHRLICH E. Fundamental principles of the scociology of law［M］. Cam-
bridge：Harvard University Press，1936.

［136］HOEBEL E A. The law of primitive man［M］. Cambridge：Harvard Uni-
versity Press，1954.

［137］HOLMES O W，Jr. The path of law［J］. Harvard law review，1897，10
（8）：457－478.

［138］JHERING R V. Law as a means to an end［M］. Trans. HUSIK I. New
York：The Macmillan Company，1924.

后　　记

　　事物是在其关键要素推动下运行的，只要关键要素没有发生质的变化，事物就不会发生根本性变化。智者愈智，愚者愈愚，是两种不同关键要素运行的结果，若没有外界因素的根本性影响，这种结果基本上不会改变。本人自 2004 年加入韶关学院法学院（现政法学院）大家庭以来，一直激情执教于咫尺讲台，不计个人得失地用心耕耘，受到历届学生的诸多赞誉。这种坚守，使得本人的教学水平在每学期都得到了提高。这为本人撰写出版的 3 本专著奠定了坚实的理论根基。

　　临近退休，本人接受政法学院领导委托，基于"2022 年政法学院法律硕士学位点与教学科研平台建设"研究项目，撰写一本专著。《责任下的法律运行机制的构建》一书作为研究成果，瓜熟蒂落。这项研究成果的完成，经历了从懵懂到清晰再到深入理解的不断用心思考和探索的过程。这一过程揭示了一个道理：做好一件事，绝不是单靠兴趣来推动的，而是靠较高的思想高度，靠对事物规律的不断探寻和坚持不懈的精神来推动的。任何一件事都如同一个项目，其远景和蓝图的设计相对容易，但着手实施起来，则一定需要经过艰难、用心、细致的思考和探索。

　　在写作过程中，本人每天从凌晨 3 点起开始创作，一直工作到晚上 10 点，花费了大量的时间和精力。其间，得到了政法学院院长韩登池教授的鼎力支持和帮助，在此本人对韩院长表示衷心感谢！同时本人要感谢政法学院所有领导和老师对本人研究工作的热情支持！写作过程中，家人的理解和支持则是本人最大的动力和精神支撑，特别是本书完稿之后，爱女杜书琳花费了大量的时间和精力对书稿进行了认真细致的校对，并提出了许多宝贵的修改建议。在此，本人对夫人章新花女士和爱女杜书琳表示由衷的谢意！本书在出版期间得到了中山大学出版社编辑曾育林老师的大力支持和帮助，非常感谢曾育林老师！

杜国胜

2022 年 8 月